人文阅读与收藏·良友文学丛书

舒乙题

原丛书主编：赵家璧

特邀顾问：舒　乙　赵修慧　赵修义　赵修礼　于润琦

出 品 人：马连弟
监　　制：李晓琤
执　　行：张娟平
统　　筹：吴　晞　姚　兰
装帧设计：赵泽阳

特别鸣谢（按姓氏笔画排列）：
韦　韬　叶永和　李小林　沈龙朱　陈小滢　杨子耘
张　章　周　雯　周吉仲　舒　乙　蒋祖林　施　莲
姚　昕　俞昌实　钟　蕻　郑延顺　赵修慧
以及在版权联系过程中尚未联系到的作者或家属

特别鸣谢：
上海鲁迅纪念馆
北京鲁迅博物馆
北京大学中国语言文学系
复旦大学中国语言文学系
中国作家协会权益保障委员会

人文阅读与收藏·良友文学丛书

# 爱眉小扎

徐志摩 著

中国国际广播出版社

良友版《爱眉小扎》平装本封面

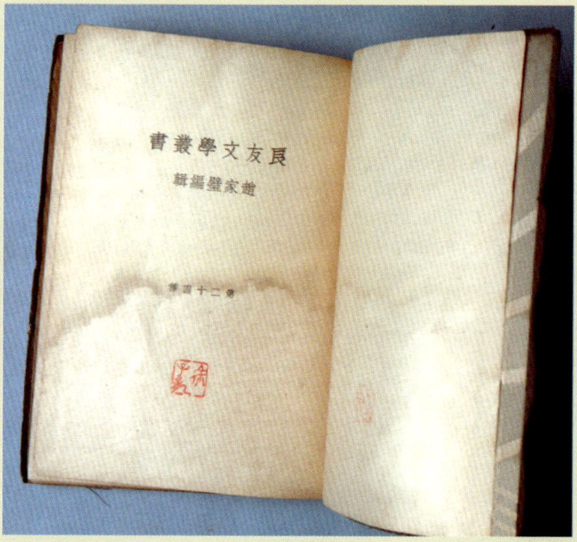


良友版《爱眉小扎》编号页

良友版《爱眉小扎》扉页

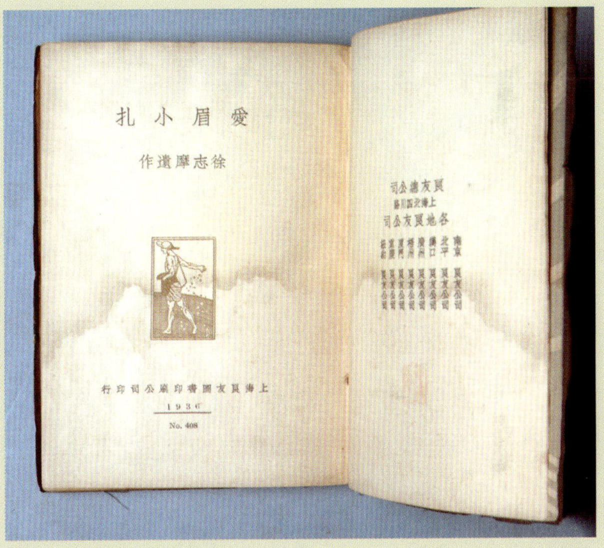

良友版《爱眉小扎》内文作者像

# 《良友文学丛书》新版出版说明

二十世纪三四十年代，著名编辑赵家璧在上海良友图书公司老板伍联德的支持下，历经十余年，陆续出版《良友文学丛书》，计四十余种。其中三十九种在上海出版，各书循序编号，后出几种则无。该套丛书以收入当时左翼及进步作家的作品为主，也选入其他各派作家作品。其中小说居多，兼及散文和文艺论著；第一号是鲁迅的译作《竖琴》。丛书一律软布面精装（亦有平装普及本），外加彩印封套，书页选用米色道林纸，售价均为大洋九角。

《良友文学丛书》选目精良，在现在看来，皆为名家名作；布面精装的装帧更是被许多爱书人誉为“有型有款”。不可否认，在装帧设计日益进步的当下，这套出版于二十世纪三四十年代的丛书外形已难称书中翘楚，但因岁月洗汰，人为毁弃，这套曾在出版史上一度“金碧辉煌”过的丛书首版已然成为新文学极其珍贵的稀见“善本”。

在《良友文学丛书》首版八十周年之际，为满足现代普通读者和图书馆对该丛书阅读与收藏的需求，我们依据《良友文学丛书》旧版进行再版（四种特大本不在其列）。本着尊重旧版原貌的原则，仅对旧版中失校之处予以订正。新版《良友文学丛书》采用简体横排的形式，以旧版书影做插图，装帧力求保持旧版风格，又满足当下读者的审美趣味。希望这一出版活动对缅怀中国出版前辈们的历史功绩和传承中国文化有所裨益，也希望广大读者多提宝贵意见和建议，以便我们把日后的工作做得更好。

# 《良友文学丛书》新版校订说明

一、本丛书收录原良友图书公司编辑赵家璧主编《良友文学丛书》共四十六种（四种特大本不在其列），乃为目前发现且确系良友版之全部。

二、此番印行各书，均选择《良友文学丛书》旧版作为底本，编辑内容等一律保持原貌，未予改窜删削。

三、所做校订工作，限于以下各项：

（1）将繁体字改为简体字；

（2）原作注释完全保留；

（3）尽量搜求多种印本等资料进行校勘，并对显系排印失校者在编辑中酌予订正；

（4）前后字词用法不一致处，一般不做统一纠正；

（5）给正文中提到的书籍和文章及其他作品标上书名号，原作书名写法不规范、不便添加符号者，容有空缺；

（6）书名号以外其他标点符号用法，多依从作者习惯，除个别明显排印有误者外均未予改动。

# 目　次

# 序

今天是志摩四十岁的纪念日子，虽然甚么朋友亲戚都不见一个，但是我们两个人合写的日记却已送了最后的校样来了。为了纪念这部日记的出版，我想趁今天写一篇序文；因为把我们两个人呕血写成的日记在这个日子出版，也许是比一切世俗的仪式要有价值有意义得多。

提起这二部日记，就不由得想起当时摩对我说的几句话；他叫我“不要轻看了这两本小小的书，其中那一字那一句不是从我们热血里流出来的。将来我们年纪老了，可以把它放在一起发表，你不要怕羞，这种爱的吐露是人生不易轻得的！”为了尊重他生前的意见，终于在他去世后五年的今天，大胆的将它印在白纸上了，要不是他生前说过这种话，为了要消灭我自己的痛苦，我也许会永远不让它出版的。其实关于这本日记也有些天意在里边。说也奇怪，这两本日记本来是随时随刻他都带在身旁的，每次出门，都是先把它们放在小提包里带了走，惟有这一次他匆促间把它忘掉了。看起来不该消灭的东西是永远不会消灭的，冥冥中也自有人在支配着。

关于我和他认识的经过，我觉得有在这里简单述说的必要，因为一则可以帮助读者在这二部日记和十数封通信之中，获得一些故事上的连贯性；二则也可以解除外界对我们俩结合之前和结合之后的种种误会。

在我们初次见面的时候（说来也十年多了），我是早已奉了父母之命媒妁之言同别人结婚了，虽然当时也痴长了十几岁的年龄，可是性灵的迷糊竟和稚童一般。婚后一年多才稍懂人事，明白两性的结合不是可以随便听凭别人安排的，在性情与思想上不能相谋而勉强结合是人世间最痛苦的一件事。当时因为家庭间不能得着安慰，我就改变了常态，埋没了自己的意志，葬身在热闹生活中去忘记我内心的痛苦。又因为我娇慢的天性不允许我吐露真情，于是直着脖子在人面前唱戏似的唱着，绝对不肯让一个人知道我是一个失意者，是一个不快乐的人。这样的生活一直到无意间认识了志摩，叫他那双放射神辉的眼睛照彻了我内心的肺腑，认明了我的隐痛，更用真挚的感情劝我不要再在骗人欺己中偷活，不要自己毁灭前程，他那种倾心相向的真情，才使我的生活转换了方向，而同时也就跌入了恋爱了。于是烦恼与痛苦，也跟着一起来。

为了家庭和社会都不谅解我和志摩的爱，经过几度的商酌，便决定让摩离开我到欧洲去作一个短时间的旅行；希望在这分离的期间，能从此忘却我——把这一段因缘暂时的告一个段落。这一种办法，当然是不得已的；所以我们虽然大家分别时讲好不通音信，终于我们都没有实行，（他到欧洲去后寄来的信，一部分收在这部书里。）他临去时又要求我写一本当信写的日记，让他回国后看看我生活和思想的经过情形，我送了他上车后回到家里，我就遵命的开始写作了。这几个月里的离情是痛在心头，恨在脑底的。究竟血肉之体敌不过日夜的摧残，所以不久我就病倒了。在我的日记的最后几天里，我是自认失败了，预备跟着命运去飘流，随着别人去支配；可是一到他回来，他伟大的人格又把我逃避的计划全部打破。

于是我们发见“幸福还不是不可能的”。可是那时的环境，还不容许我们随便的谈话，所以摩就开始写他的“爱眉小扎”，每天写好了就当信般的拿给我看，但是没有几天，为了母亲的关系，我又不得不到南方来了。在上海的几天我也碰到过摩几次，可惜连一次畅谈的机会都没有。这时期摩的苦闷是在意料之中的，读者看到爱眉小扎的末几页，也要和他同感吧？

我在上海住了不久，我的计划居然在一个很好的机会中完全实现了，我离了婚就到北京来寻摩，但是一时竟找不到他。直到有一天在晨报附刊上看到他发表的

“迎上前去”的文章，我才知道他做事的地方；而这篇文章中的忧郁悲愤，更使我看了急不及待的去找他，要告诉他我恢复自由的好消息。那时他才明白了我，我也明白了他，我们不禁相视而笑了。

以后日子中我们的快乐就别题了；我们从此走入了天国，踏进了乐园。一年后在北京结婚，一同回到家乡，度了几个月神仙般的生活。过了不久因为兵灾搬到上海来，在上海受了几月的煎熬我就染上一身病；后来的几年中就无日不同药炉作伴；连摩也得不着半点的安慰，至今想来我是最对他不起的。好容易经过各种的医治，我才有了复原的希望，正预备全家再搬回北平从新造起一座乐园时，他就不幸出了意外的遭劫，乘着清风飞到云雾里去了。这一下完了他——也完了我。

写到这儿，我不觉要向上天质问为甚么我这一生是应该受这样的处罚的？是我犯了罪么？何以老天只薄我一个人呢？我们既然在那样困苦中争斗了出来，又为甚么半途里转入了这样悲惨的结果呢？生离死别，幸喜我都尝着了。在日记中我尝过了生离的况味，那时我就疑惑死别不知更苦不？好！现在算是完备了。甜，酸，苦，辣，我都尝全了，也可算不枉这一世了。到如今我还有甚么可留恋的呢？不死还等甚么？这话是我现在常在我心头转的；不过有时我偏不信，我不信一死就能解除一切，我倒要等着再看老天还有甚么更惨的事来加罚在我的身上？

完了，完了，一切都完了，现在还说甚么？还想甚么？要是事情转了方面，我变他，他变了我，那时也许读者能多读得些好的文章，多看到几首美丽的诗，我相信他的笔一定能写得比他心里所受的更沉痛些。只可惜现在偏留下了我，虽然手里一样拿着一支笔，它却再也写不出我回肠里是怎样的惨痛，心坎里是怎样的碎裂。空拿着它落泪，也急不出半分的话来；只觉得心里隐隐的生痛，手里阵阵的发颤。反正我现在所受的，只有我自己知道就是了。

最后几句话我要说的，就是要请读者原谅我那一本不成器的日记，实在是难以同摩放在一起出版的（因为我写的时候是绝对不预备出版的）。可是因为遵守他的遗志起见，也不能再顾到我的出丑了。好在人人知道我是不会写文章的，所留下的那几个字，也无非是我一时的感想而已，想着甚么就写甚么，大半都是事实，就这一点也许还可以换得一点原谅；不然我简直要羞死了。

小　曼

# 志摩日记

一九二五年八月九日——三十一日北京

一九二五年九月五日——十七日上海

# 爱眉小札

信手

徐志摩先生留学美国时寄给他父母的纪念照片

# 八月九日起日记

“幸福还不是不可能的”，这是我最近的发现。

今天早上的时刻，过得甜极了。我只要你；有你我就忘却一切，我什么都不想什么都不要了，因为我什么都有了。与你在一起没有第三人时，我最乐。坐着谈也好，走道也好，上街买东西也好。厂甸我何尝没有去过，但那有今天那样的甜法；爱是甘草，这苦的世界有了它就好上口了。眉，你真玲珑，你真活泼，你真像一条小龙。

我爱你朴素，不爱你奢华。你穿上一件蓝布袍，你的眉目间就有一种特异的光彩，我看了心里就觉著不可名状的欢喜。朴素是真的高贵。你穿戴齐整的时候当然是好看，但那好看是寻常的，人人都认得的，素服时的眉，有我独到的领略。

“玩人丧德，玩物丧志”，这话确有道理。

我恨的是庸凡，平常，琐细，俗；我爱个性的表现。

我的胸膛并不大，决计装不下整个或是甚至部分的宇宙。我的心河也不够深，常常有露底的忧愁。我即使小有才，决计不是天生的，我信是勉强来的；所以每回我写什么多少总是难产，我唯一的靠傍是霎那间的灵通。我不能没有心的平安，眉，只有你能给我心的平安。在你完全的蜜甜的高贵的爱里，你享受无上的心与灵的平安。

凡事开不得头，开了头便有重复，甚至成习惯的倾向。在恋中人也得提防小漏缝儿，小缝儿会变大窟窿，那就糟了。我见过两相爱的人因为小事情误会斗口，结果只有损失，没有利益。我们家乡俗谚有："一天相骂十八头，夜夜睡在一横头"，意思说是好夫妻也免不了吵。我可不信，我信合理的生活，动机是爱，知识是南针；爱的生活也不能纯粹靠感情，彼此的了解是不可少的。爱是帮助了解的力，了解是爱的成熟，最高的了解是灵魂的化合，那是爱的圆满功德。

没有一个灵性不是深奥的，要懂得真认识一个灵性，是一辈子的工作。这工夫愈下愈有味，像逛山似的，唯恐进得不深。

眉，你今天说想到乡间去过活，我听了顶欢喜，可是你得准备吃苦。总有一天我引你到一个地方，使你完全转变你的思想与生活的习惯。你这孩子其实是太娇养惯了！我今天想起丹农雪乌的《死的胜利》的结局；但

八月九日起日记

"幸福还不是不可能的"，这是我最近的发现。今天早上的时刻，过得甜极了。我只要你；有你我就忘却一切，我什么都不想什么都不要了，因为我什么都有了。与你在一起没有第三人时，我最乐。坐着谈也好，出逛也好，上街买东西也好。厂甸我何尝没有去过，但那有今天那样的甜法。爱是甘草，这苦的世界有了它就好上口了。眉，你真玲珑，你真活泼，你真像一条小龙

爱眉小札原稿之第一页

中国人，那配！眉，你我从今起对爱的生活负有做到他十全的义务。我们应得努力。眉，你怕死吗？眉，你怕活吗？活比死难得多！眉，老实说，你的生活一天不改变，我一天不得放心。但北京就是阻碍你新生命的一个大原因，因此我不免发愁。

我从前的束缚是完全靠理性解开的；我不信你的就不能用同样的方法。万事只要自己决心：决心与成功间的是最短的距离。

往往一个人最不愿意听的话，是他最应得听的话。

# 八月十日

我六时就醒了，一醒就想你来谈话，现在九时半了，难道你还不曾起身，我等急了。

我有一个心，我有一个头，我心动的时候，头也是动的。我真应得谢天，我在这一辈子里，本来自问已是陈死人，竟然还能尝著生活的甜味，曾经享受过最完全，最奢侈的时辰，我从此是一个富人，再没有抱怨的口实，我已经知足。这时候，天坍了下来，地陷了下去，霹雳种在我的身上，我再也不怕死，不愁死，我满心只是感谢。即使眉你有一天（恕我这不可能的设想）心换了样，停止了爱我，那时我的心就像莲蓬似的裁满了窟窿，我所有的热血都从这些窟窿里流走——即使有那样悲惨的一天，我想我还是不敢怨的，因为你我的心曾经一度灵通，那是不可灭的。上帝的意思到处是明显的，他的发落永远是平正的；我们永远不能批评，不能抱怨。

# 八月十一日

这过的是什么日子！我这心上压得多重呀！眉，我的眉，怎么好呢？霎那间有千百件事在方寸间起伏，是忧，是虑，是瞻前，是顾后，这笔上那能写出？眉，我怕，我真怕世界与我们是不能并立的，不是我们把他们打毁成全我们的话，就是他们打毁我们，逼迫我们的死。眉，我悲极了，我胸口隐隐的生痛，我双眼盈盈的热泪，我就要你，我此时要你，我偏不能有你，喔，这难受——恋爱是痛苦，是的眉，再也没有疑义。眉，我恨不得立刻与你死去，因为只有死可以给我们想望的清静，相互的永远占有。眉，我来献全盘的爱给你，一团火热的真情，整个儿给你，我也盼望你也一样拿整个，完全的爱还我。

世上并不是没有爱，但大多是不纯粹的，有漏洞的，那就不值钱，平常，浅薄。我们是有志气的，决不能放松一屑屑，我们得来一个直纯的榜样。眉，这恋爱是大事情，是难事情，是关生死超生死的事情——如其要到真的境界，那才是神圣，那才是不可侵犯。有同情的朋友是难得的，我们现有少数的朋友，就思想见解论，在中国是第一流。他们都是真爱你我，看重你我，期望你我的。他们要看我们做到一般人做不到的事，实现一般人梦想的境界。他们，我敢说，相信你我有这天赋，有这能力；他们的期望是最难得的，但同时你我负着的责任，那不是玩儿。对己，对友，对社会，对天，我们有奋斗到底，做到十全的责任！眉，你知道我这来心事重极了，晚上睡不著不说，睡著了就来怖梦，种种的顾虑整天像刀光似的在心头乱刺，眉，你又是在这样的环境里嵌着，连自由谈天的机会都没有，咳，这真是那里说起！眉，我每晚睡在床上寻思时，我仿佛觉著发根里的血液一滴滴的消耗，在忧郁的思念中黑发变成苍白。一天二十四时，心头那有一刻的平安——除了与你单独相对的俄顷，那是太难得了。眉，我们死去吧，眉，你知道我怎样的爱你，啊眉！比如昨天早上你不来电话，从九时半到十一时我简直像是活抱著炮烙似的受罪，心那么的跳，那么的痛，也不知为什么，说你也不信，我躺在榻上直咬著牙，直翻身喘着哪！后来再也忍不住了，自己拿起了电话，心头那阵的狂跳，差一点把我晕了。谁知你一直睡着没有醒，我这自讨苦吃多可笑，但同时你得知道，眉，在恋中人的心理是最复杂的心理，说是最不合理可以，说是最合理也可以。眉，你肯不肯亲手拿刀割破我的胸膛，挖出我那血琳琳的心留着，算是我给你最后的礼物？

今朝上睡昏昏的只是在你的左右。那怖梦真可怕，仿佛有人用妖法来离间我们，把我迷在一辆车上，整天整夜的飞行了三昼夜，旁边坐着一个瘦长的严肃的妇人，像是运命自身，我昏昏的身体动不得，口开不得，听凭那妖车带着我跑，等得我醒来下车的时候有人来对我说你已另订约了。我说不信，你带约指的手指忽在我眼前闪动。我一见就往石板上一头冲去，一声悲叫，就死在地下——正当你电话铃响把我振醒，我那时虽则醒了，但那一阵的凄惶与悲酸，像是灵魂出了窍似的，可怜呀，眉！我过来正想与你好好的谈半句钟天，偏偏你又得出门就诊去，以后一天就完了，四点以后过的是何等不自然而局促的时刻！我与“先生”谈，也是凄凉万状，我们的影子在荷池圆叶上晃着，我心里只是悲惨，眉呀，你快来伴我死去吧！

# 八月十二日

这在恋中人的心境真是每分钟变样，绝对的不可测度。昨天那样的受罪，今儿又这般的上天，多大的分别！像这样的艳福，世上能有几个人享着；像这样奢侈的光阴，这宇宙间能有几多？却不道我年前口占的“海外缠绵香梦境，销魂今日竟燕京”，应在我的甜心眉的身上！B 明白了，我真又欢喜又感激！他这来才够交情，我从此完全信托他了。眉，你的福分可也真不小，当代贤哲你瞧都在你的妆台前听候差遣。眉，你该睡着了吧，这时候，我们又该梦会了！说也真怪，这来精神异常的抖擞，真想做事了，眉，你内助我，我要向外打仗去！

# 八月十四日

昨晚不知那儿来的兴致，十一点钟跑到W家里，本想与奚谈天，他买了新鲜合桃，葡萄，莎果，莲蓬请我，谁知讲不到几句话，太太回来了，那就是完事。接著W和M也来了，一同在天井里坐着闲话，大家嚷饿，就吃蛋炒饭，我吃了两碗，饭后就嚷打牌，我说那我就得住夜，住夜就得与他们夫妇同床，M连骂“要死快哩，疯头疯脑，”但结果打完了八圈牌，我的要求居然做到，三个人一头睡下，熄了灯，M躲紧在W的胸前，格支支的笑个不住，我假装睡着，其实他说话等等我全听分明，到天亮都不曾落聪。

眉，娘真是何苦来。她是聪明，就该聪明到底；她既然看出我们俩都是痴情人容易钟情，她就该得想法大处落墨，比如说禁止你与我往来，不许你我见面，也是一个办法；否则就该承认我们的情分，给我们一条活路才是道理。像这样小鹣鹣的溜著眼珠当着人前提防，多说一句话该，多看一眼该，多动一手该，这可不是真该，实际毫无干系，只叫人不舒服，强迫人装假，真是何苦来。眉，我总说有真爱就有勇气，你爱我的一片血诚，我身体磨成了粉都不能怀疑，但同时你娘那里既不肯冒险，他那里又不肯下决断，生活上也没有改向，单叫我含糊的等着，你说我心上那能有平安，这神魂不定又那能做事？因此我不由不私下盼望你能进一步爱我，早晚想一个坚决的办法出来，使我早一天定心，早一天能堂皇的做人，早一天实现我一辈子理想中的新生活。眉，你爱我究竟是怎样的爱法？

我不在时你想我，有时很热烈的想我，那我信！但我不在时你依旧有你的生活，并不是怎样的过不去；我在你当然更高兴，但我所最要知道的是，眉呀，我是否你“完全的必要”，我是否能给你一些世上再没有第二人能给你的东西，是否在我的爱你的爱里你得到了你一生最圆满，最无遗憾的满足？这问题是最重要不过的，因为恋爱之所以为恋爱就在他那绝对不可改变不可替代的一点；罗米乌爱玖丽德，愿为她死，世上再没有第二个女子能动他的心；玖丽德爱罗米乌，愿为他死，世上再没有第二个男子能占她一点子的情，他们那恋爱之所以不朽，又高尚，又美，就在这里。他们俩死的时候彼此都是无遗憾的，因为死成全他们的恋爱到最完全最圆满的程度，所以这，“Die upon a kiss”是真钟情人理想的结局，再不要别的。反面说，假如恋爱是可以替代的，像是一枝牙刷烂了可以另买，皮服破了可以另制，他那价值也就可想。“定情”——the spiritual engagement，the great mutual giving up——是一件伟大的事情，两个灵魂在上帝的眼前自愿的结合，人间再没有更美的时刻——恋爱神圣就在这绝对性，这完全性，这不变性；所以诗人说：

……………the light of a whole life dies，When love is done.

恋爱是生命的中心与精华；恋爱的成功是生命的成功，恋爱的失败，是生命的失败，这是不容疑义的。

眉，我感谢上苍，因为你已经接受了我；这来我的灵性有了永久的寄托，我的生命有了最光荣的起点，我这一辈子再不能想望关于我自身更大的事情发现，我一天有你的爱，我的命就有根，我就是精神上的大富翁。因此我不能不切实的认明这基础究竟是多深，多坚实，有多少抵抗侵凌的实力——这生命里多的是狂风暴雨！

所以我不怕你厌烦我要问你究竟爱到什么程度？有了我的爱，你是否可以自慰已经得到了生命与生命中的一切？反面说，要没有我的爱，是否你的一生就没有了光彩？我再来打譬喻：你爱吃莲肉，爱吃鸡豆肉；你也爱我的爱；在这几天我信莲肉，鸡豆，爱都是你的需要；在这情形下爱只像是一个“加添的必要”。An additional necessity，不是绝对的必要，比如有气，比如饮食，没了一样就没有命的。有莲时吃莲，有鸡豆时吃鸡豆；有爱时“吃”爱。好；再过几时时新就换样，你又该吃蜜桃，吃大石榴了，那时假定我给你的爱也跟着莲与鸡豆完了，但另有与石榴同时的爱现成可以“吃”——你是否能照样过你的活，照样生活里有跳有笑的？再说明白的，眉呀，我祈望我的爱是你的空气，你的饮食，有了就活，缺了就没有命的一样东西；不是鸡豆或是莲肉，有时吃固然痛快，过了时也没有多大交关，石榴柿子青果跟著来替口味多著吧！眉，你知道我怎样的爱你，你的爱现在已是我的空气与饮食，到了一半天不可少的程度，因此我要知道在你的世界里我的爱占一个什么地位？

May，I miss your passionately appealing gazings and soul-communicating glances which once so overwhelmed and ingratiated me. Suppose I die suddenly tomorrow morning. Suppose I change my heart and love somebody else，what then would you feel and what would you do？These are very cruel supposition，I know，but all the same I can’t help making them，such being the lover’ s psychology.

Do you know what would I have done if in my coming back，I should have found my love no longer mine！Try and imagine the situation and tell me what you think.

日记已经第六天了，我写上了一二十页，不管写的是什么，你一个字都还没有出世哪！但我却不怪你，因为你真是贵忙；我自己就负你空忙大部分的责。但我盼望你及早开始你的日记，纪念我们同玩厂甸那一个蜜甜的早上。我上面一大段问你的话，确是我每天郁在心里的一点意思，眉，你不该答复我一两个字吗？眉，我写日记的时候我的意绪益发蚕丝似的绕著你；我笔下多写一个眉字，我口里低呼一声我的爱，我的心为你多跳了一下。你从前给我写的时候也是同样的情形我知道，因此我益发盼望你继续你的日记，（编者按，小曼女士所作日记，即本书所附载之一部，写于爱眉小扎之前二月。）也使我多得一点欢喜，多添几分安慰。

我想去买一只玲珑坚实的小箱，存你我这几月来交换的信件，算是我们定情的一个纪念，你意思怎样？

# 八月十六日

真怪，此刻我的手也直抖擻，从没有过的，眉我的心，你说怪不怪，跟你的抖擻一样？想是你传给我的，好，让我们同病；叫这剧烈的心震震死了岂不是完事一宗？事情的确是到门了，眉，是往东走或往西走你赶快得定主意才是，再要含糊时大事就变成了顽笑，那可真不是玩！他那口气是最分明没有的了；那位京友我想一定是双心，决不会第二个人。他现在的口气似乎比从前有主意的多，他已经准备“依法办理”；你听他的话“今年决不拦阻你”。好，这回像人了！他像人，我们还不争气吗？眉，这事情清楚极了，只要你的决心，娘，别说一个，十个也不能拦阻你。我的意思是我们同到南边去（你不愿我的名字混入第一步，固然是你的好意，但你知道那是不成功的，所以与其拖泥带浆还不如走大方的路，来一个甘脆，只是情是真的，我们有什么见不得人面的地方？）找着P做中间人，解决你与他的事情，第二步当然不用提及，虽则谁不明白？眉，你这回真不能再做小孩了，你得硬一硬心，一下解决了这大事免得成天怀鬼胎过不自然的痛苦的日子。要知道你一天在这尴尬的境地里嵌着，我也心理上一天站不直，那能真心去做事，害得谁都不舒服，真是何苦来？眉，救人就是自救，自救就是救人。我最恨的是苟且，因循，懦怯，在这上面无论什么事都是找不到基础的。有志事竟成，没有错儿。奋勇上前吧，眉，你不用怕，有我整个儿在你旁边站著，谁要动你分毫，有我拼著性命保护你，你还怕什么？

今晚我认账心上有点不舒服，但我有解释，理由很长，明天见面再说吧。我的心怀里，除了挚爱你的一片热情外，我决不容留任何夹杂的感想；这册爱眉小扎里，除了登记因爱而流出的思想外，我也决不愿夹杂一些不值得的成分。眉，我是太痴了，自顶至踵全是爱，你得明白我，你得永远用你的柔情包住我这一团的热情，决不可有一丝的漏缝，因为那时就有爆烈的危险。

# 八月十八日

十一点过了。肚子还是疼，又招了凉怪难受的，但我一个人占空院子（宏这回真走了），夜沉沉的，哪能睡得著？这时候饭店凉台上正凉快，舞场中衣香鬓影多浪漫多作乐呀！这屋子闷热得凶，蚊虫也不饶人，我脸上腕上脚上都叫咬了。我的病我想一半是昨晚少睡，今天打球后又喝冰水太多，此时也有些倦意，但眉你不是说回头给我打电话吗？我那能睡呢！听差们该死，走的走，睡的睡，一个都使唤不来。你来电时我要是睡著了那又不成。所以我还是起来涂我最亲爱的爱眉小扎吧。方才我躺在床上又想这样那样的。怪不得老话说“疾病则思亲”，我才小不舒服，就动了感情，你说可笑不？我倒不想父母，早先我有病时总想妈妈，现在连妈妈都退后了，我只想我那最亲爱的，最钟爱的小眉。我也想起了你病的那时候，天罚我不叫我在你的身旁，我想起就痛心，眉，我怎样不知道你那时热烈的想我要我。我在意大利时有无数次想出了神，不是使劲的自咬手臂，就是拿拳头捶着胸，直到真痛了才知道。今晚轮着我想你了，眉！我想像你坐在我的床头，给我喝热水，给我吃药，抚摩着我生痛的地方，让我好好的安眠，那都幸福呀！我愿意生一辈子病，叫你坐一辈子的床头。哦那可不成，太自私了，不能那样设想。昨晚我问你我死了你怎样，你说你也死，我问真的吗，你接著说的比较近情些。你说你或许不能死，因为你还有娘，但你会把自己“关”起来，再不与男子们来往。眉，真的吗？门关得上，也打得开，是不是？我真傻，我想的是什么呀，太空幻了！我方才想假使我今晚肚子疼是盲肠炎，一阵子涌上来在极短的时间内痛死了我，反正这空院子里鬼影都没，天上只有几颗冷淡的星，地下只有几茎野草花。我要是真的灵魂出了窍，那时我一缕精魂飘飘荡荡的好不自在，我一定跟著凉风走，自己什么主意都没有；假如空中吹来有音乐的声响，我的鬼魂许就望著那方向飞去——许到了饭店的凉台上。啊，多凉快的地方，多好听的音乐，多热闹的人群呀！啊，那又是谁，一位妙龄女子，她慵慵的倚著一个男子肩头在那像水泼似的地平上翩翩的舞，多美丽的舞影呀！但她是谁呢，为什么我这飘渺的三魂无端又感受一个劲烈的颤栗？她是谁呢，那样的美，那样的风情，让我移近去看看，反正这鬼影是没人觉察，不会招人讨厌的不是？现在我移近了她的跟前——慵慵的倚著一个男子肩头款款舞踏著的那位女郎。她到底是谁呀，你，孤单的鬼影，究竟认清了没有？她不是旁人；不是皇家的公主，不是外邦的少女；她不是别人，她就是她——你生前沥肝脑去恋爱的她！你自己不幸，这大早就变了鬼，她又不知道，你不通知她那能知道——那圆舞的音乐多香柔呀！好，我去通知她吧。那鬼影踌躇了一晌，咽住了他无形的悲泪，益发移近了她，举起一个看不见的指头，向著她暖和的胸前轻轻的一点——啊，她打了一个寒噤，她抬起了头，停了舞，张大了眼睛，望著透光的鬼影睁眼的看，在那一瞥间她见着了，她也明白了，她知道完了——她手掩着面，她悲切切的哭了。她同舞的那位男子用手去揽着她，低下头去软声声安慰她——在泼水似的地平上，他拥着掩面悲泣的她慢慢走回坐位去坐下了。音乐还是不断的奏着。

十二点了。你还没有消息，我再上床去躺着想吧。

十二点三刻了。还是没有消息。水管的水声，像是沥淅的秋雨，真恼人。为什么心头这一阵阵的凄凉；眼泪——线条似的挂下来了！写什么，上床去吧。

一点了。一个秋虫在阶下鸣，我的心跳；我的心一块块的迸裂；痛！写什么，还是躺着去，孤单的痴人！

一点过十分了。还这么早，时候过的真慢呀！

这地板多硬呀，跪着双膝生痛；其实何苦来，祷告又有什么用处？人有没有心是问题；天上有没有神道更是疑问了。

志摩啊你真不幸！志摩啊你真可怜！早知世界是这样的，你何必投娘胎出世来！这一腔热血迟早有一天呕尽。

一点二十分！

一点半——Marvellous!!

一点三十五分——Life is too charming，too charming indeed，Haha!!

一点三刻——O is that the way woman love！Is that the way woman love!

一点五十五分——天呀!

两点五分——我的灵魂里的血一滴滴的在那里吊……

两点十八分——疯了!

两点三十分——

两点四十分——“The pity of it，the pity of it，Iago!”
Christ，what a hell
Is packed into that line！Each syllable
Blessed when you say it. ……
…………

两点五十分——静极了。

三点七分——

三点二十五分——火都没了!

三点四十分——心茫然了!

五点欠一刻——咳!

六点三十分

七点二十七分

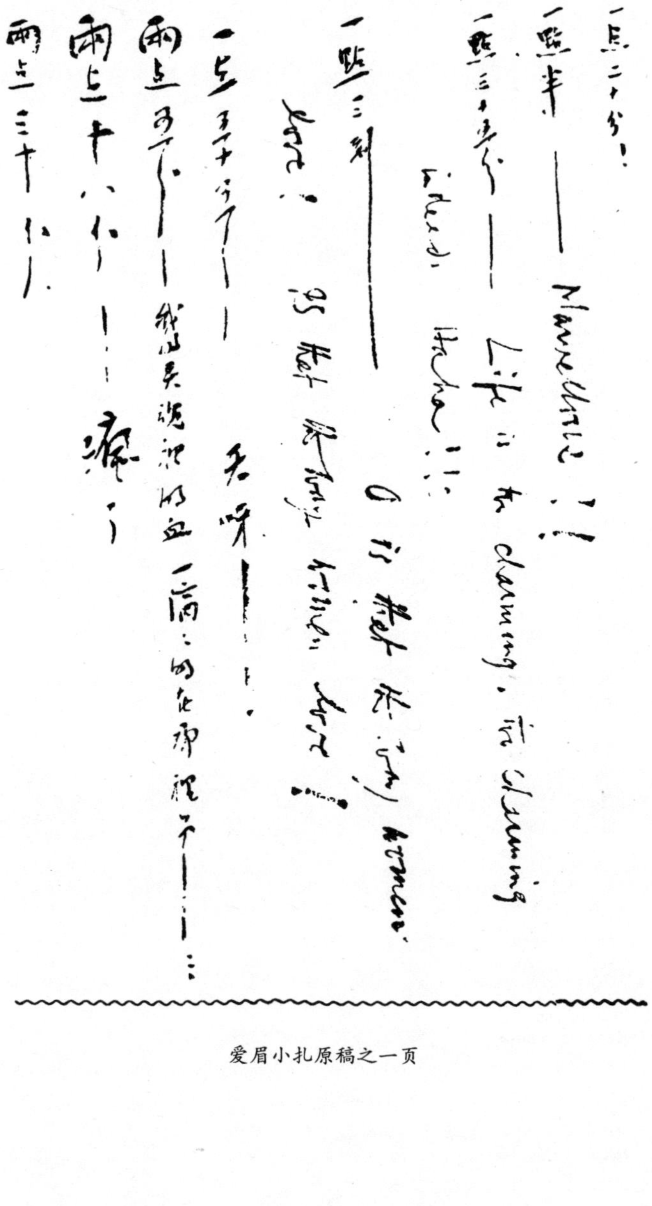
一点二十分！
一点半——Marvellous!!!
一点三十五分——Life is too charming, too charming indeed, Haha!!!
一点三刻——O is that so, is that witness.
Dare! Is that serious, dare!!!
一点五十五分——天呀！——
两点五分——我的灵魂里的血一滴滴的在那里掉——……
两点十八分——疼！——
两点三十分。

爱眉小扎原稿之一页

# 八月十九日

眉，你救了我，我想你这回真的明白了，情感到了真挚而且热烈时，不自主的往极端方向走去，亦难怪我昨夜一个人发狂似的想了一夜，我何尝成心和你生气，我更不会存一丝的怀疑，因为那就是怀疑我自己的生命，我只怪嫌你太孩子气，看事情有时不认清亲疏的区别，又太顾虑，缺乏勇气。须知真爱不是罪（就怕爱而不真，做到真字的绝对义那才做到爱字）在必要时我们得以身殉，与烈士们爱国，宗教家殉道，同是一个意思。你心上还有介蒂时，还觉着“怕”时，那你的思想就没有完全叫爱染色，你的情没有到晶莹惕透的境界，那就比一块光泽不纯的宝石，价值不能怎样高的。昨晚那个经验，现在事后想来，自有它的功用，你看我活着不能没有你，不单是身体，我要你的性灵，我要你身体完全的爱我，我也要你的性灵完全的化入我的，我要的是你的绝对的全部——因为我献给你的也是绝对的全部，那才当得起一个爱字。在真的互恋里，眉，你可以尽量，尽性的给，把你一切的所有全给你的恋人，再没有任何的保留，隐藏更不须说；这给，你要知道，并不是给，像你送人家一件袍子或是什么，非但不是给掉，这给是真的爱，因为在两情的交流中，给与爱再没有分界；实际是你给的多你愈富有，因为恋情不是像金子似的硬性，它是水流与水流的交抱，是明月穿上了一件轻快的云衣，云彩更美，月色亦更艳了。眉，你懂得不是，我们买东西尚且要挑剔，怕上当，水果不要有蛀洞的，宝石不要有斑点的，布绸不要有绉纹的，爱是人生最伟大的一件事实，如何少得一个完全：一定得整个换整个，整个化入整个，像糖化在水里，才是理想的事业，有了那一天，这一生也就有了交代了。

眉，方才你说你愿意跟我死去，我才放心你爱我是有根了；事实不必有，决心不可不有，因为实际的事变谁都不能测料，到了临场要没有相当准备时，原来神圣的事业立刻就变成了丑陋的顽笑。

世间多的是没志气人，所以只听见顽笑，真的能认真的能有几个人；我们不可不格外自勉。

我不仅要爱的肉眼认识我的肉身，我要你的灵眼认识我的灵魂。

# 八月二十日

我还觉得虚虚的，热没有退净，今晚好好睡就好了，这全是自讨苦吃。

我爱那重帘，要是帘外有浓绿的影子，那就更趣了。

你这无谓的应酬真叫人太不耐烦，我想想真有气，成天遭强盗抢。老实说，我每晚睡不着也就为此，眉，你真的得小心些，要知道“防微杜渐”在相当时候是不可少的。

# 八月二十一日

眉，醒起来，眉，起来，你一生最重要的交关已经到门了，你再不可含糊，你再不可因循，你成人的机会到了，真的到了。他已经把你看作泼水难收，当着生客们的面前，尽量的羞辱你；你再没有志气，也不该犹豫了；同时你自己也看得分明，假如你离成了，决不能再在北京耽下去。我是等着你，天边去，地角也去，为你我什么道儿都欣欣的不踌躇的走去。听着：你现在的选择，一边是苟且暧昧的图生，一边是认真的生活；一边是肮脏的社会，一边是光荣的恋爱；一边是无可理喻的家庭，一边是海阔天空的世界与人生；一边是你的种种的习惯，寄妈舅母，各类的朋友，一边是我与你的爱。认清楚了这回，我最爱的眉呀，“差以毫厘，谬以千里”，“一失足成千古恨”，你真的得下一个完全自主的决心，叫爱你期望你的真朋友们，一致起敬你才好呢！

眉，为什么你不信我的话，到什么时候你才听我的话！你不信我的爱吗？你给我的爱不完全吗？为什么你不肯听我的话，连极小的事情都不依从我——到是别人叫你上那儿你就梳头打扮了快走。你果真爱我，不能这样没胆量，恋爱本是光明事。为什么要这样子偷偷的，多不痛快。

眉，要知道你只是偶尔的觉悟，偶尔的难受，我呢，简直是整天整晚的叫忧愁割破了我的心。O May！love me，give me all your love，let us become one；try to live into my love for you，let my love fill you，nourish you；caress your daring body and hug your daring soul too；let my love stream over you，merge you thoroughly；let me rest happy and confident in your passion for me！

忧愁他整天拉着我的心，
像一个琴师操练他的琴；
悲哀像是海礁间的飞涛，
看他那汹涌听他那呼号！

# 八月二十二日

眉，今儿下午我实在是饿荒了，压不住上冲的肝气，就这么说吧，倒叫你笑话酸劲儿大，我想想是觉着有些过分的不自持，但同时你当然也懂得我的意思。我盼望，聪明的眉呀，你知道我的心胸不能算不坦白，度量也不能说是过分的窄，我最恨是琐碎地方认真，但大家要分明，名分与了解有了就好办，否则就比如一盘不分疆界的棋，叫人无从下手了。很多事情是庸人自扰，头脑清明所以是不能少的。

你方才跳舞说一句话很使我自觉难为情，你说“我们还有什么客气?”难道我真的气度不宽，我得好好的反省才是。眉，我没有怪你的地方，我只要你的思想与我的合并成一体，绝对的泯缝，那就不易见错儿了。

我们得互相体谅；在你我间的一切都得从一个爱字里流出。

我一定听你的话；你叫我几时回南我就回南，你叫我几时往北我就几时往北。

今天本想当人前对你说一句小小的怨语，可没有机会，我想说，“小眉真对不起人，把人家万里路外叫了回来，可连一个清静谈话的机会都没给人家！”下星期西山去一定可以有机会了，我想着就起劲，你呢，眉？

我较深的思想一定得写成诗才能感动你，眉，有时我想就只你一个人真的懂我的诗，爱我的诗，真的我有时恨不得拿自己血管里的血写一首诗给你，叫你知道我爱你是怎样的深。

眉，我的诗魂的滋养全得靠你，你得抱着我的诗魂像抱亲孩子似的，他冷了你得给他穿，他饿了你得喂他食——有你的爱他就不愁饿不愁冻，有你的爱他就有命！

眉，你得引我的思想往更高更大更美处走；假如有一天我思想堕落或是衰败时就是你的羞耻，记着了，眉！

已经三点了，但我不对你说几句话我就别想睡。这时你大概早睡着了，明儿九时半能起吗？我怕还是问题。

你不快活时我最受罪，我应当是第一个有特权有义务给你慰安的人不是？下回无论你怎样受了谁的气不受用时，只要我在你旁边看你一眼或是轻轻的对你说一两个小字，你就应得宽解；你永远不能对我说“Shut up”（当然你决不会说的，我是说笑话，）叫我心里受刀伤。

我们男人，尤其是像我这样的痴子，真也是怪，我们的想头不知是那样转的，比如说去秋那“一双海电”，为什么这一来就叫一万二千度的热顿时变成了冰，烧得着天的火立刻变成了灰，也许我是太痴了，人间绝对的事情本是少有的。All or Nothing 到如今还是我做人的标准。

眉，你真是孩子，你知道你的情感的转向来的多快，一会儿气得话都说不出，一会儿又嚷吃面包了！

今晚与你跳的那一个舞，在我是最 enjoy 不过了，我觉得从没有经验过那样浓艳的趣味——你要知道你偶尔唤我时我的心身就化了！

# 八月二十三日

昨晚来今雨轩又有慷慨激昂的“援女学联会”，有一个大胡子矮矮的，他像是大军师模样，三五个女学生一群男学生站在一起谈话，女的哭哭嗓嗓，一面擦眼泪，一面高声的抗议，我只听见“像这样还有什么公理呢?”又说“谁失踪了，谁受重伤了，谁准叫他们打死了，唉，一定是打死了，乌乌乌乌……”

眉到看得好玩，你说女人真不中用，一来就哭；你可不知道女人的哭才是她的真本领哩!

今天一早就下雨，整天阴霾到底，你不乐，我也不快；你不愿见人，并且不愿见我；你不打电话，我知道你连我的声音都不愿听见，我可一点也不怪你，眉，我懂得你的抑郁，我只抱歉我不能给你我应分的慰安。十一点半了，你还不曾回家，我想像你此时坐在一群叫嚣不相干的俗客中间，看他们放肆的赌，你尽楞着，眼泪向里流着，有时你还得陪笑脸，眉，你还不厌吗，这种无谓的生活，你还不造反吗，眉？

我不知道我对你说着什么话才好，好像我所有的话全说完了，又像是什么话都没有说，眉呀，你望不见我的心吗？这凄凉的大院子今晚又是我单个儿占着，静极了，我觉得你不在我的周围，我想飞上你那里去，一时也像飞不到的样子，眉，这是受罪，真是受罪！方才“先生”说他这一时不很上我们这儿来，因为他看了我们不自然的情形觉着不舒服，原来事情没有到门大家见面打哈哈到没有什么，这回来可不对了，悲惨的颜色，紧急的情调，一时都来了，但见面时还得装作，那就是痛苦，连旁观人都受着的，所以他不愿意来，虽则他狠 Miss 你。他明天见娘谈话去，他再不见效，谁都不能见效了，他真是好朋友，他见到，他也做到，我们将来怎样答谢他才好哩。S 来信有这几句话——我觉得自己无助的可怜，但是一看小曼，我觉得自己运气比她高多了，如果我精神上来，多少可以做些事业，她却难上难，一不狠心立志，险得狠。岁月蹉跎，如何能保守健康精神与身体，志摩，你们都是她的至近朋友，怎不代她设想设想？使她蹉磨下去，真是可惜，我是巾帼到底不好参与家事……。

# 八月二十四日

这来你真的狠不听话，眉，你知道不？也许我不会说话，你不爱听；也许你心烦听不进，今晚在真光我问你记否去年第一次在剧场觉得你的发鬈擦着我的脸，(我在海拉尔寄回一首诗来纪念那初度尖锐的官感，在我是不可忘的，）你理都没有理会我，许是你看电影出了神，我不能过分怪你。

今晚北海真好，天上的双星那样的晶清，隔着一条天河含情的互睇着；满池的荷叶在微风里透着清馨；一弯黄玉似的初月在西天挂着；无数的小虫相应的叫着；我们的小舫在荷叶丛中刺着，我就想你，要是你我俩坐着一只船在湖心里荡着，看星，听虫，嗅荷馨，忘却了一切，多幸福的事，我就怨你这一时心不静，思想不清，我要你到山里去也就为此。你一到山里心胸自然开豁的多，我敢说你多忘了一件杂事，你就多一分心思留给你的爱：你看看地上的草色，看看天上的星光，摸摸自己的胸膛，自问究竟你的灵魂得到了寄托没有，你的爱得到了代价没有，你的一生寻出了意义没有？你在北京城里是不会有清明思想的——大自然提醒我们内心的愿望。

我想我以后写下的不拿给你看了，眉，一则因为天天看烦得狠，反正是这一路的话，这爱长爱短老听也是怪腻烦的；二则我有些不甘愿因为分明这来你并不怎样看重我的“心声”。我每天的写，有功夫就写，倒像是我唯一的功课，很多是夜阑人静半夜三更写的，可是你看也就翻过算数，到今天你那本子还是白白的，我问你劝你的话你也从不提及，可见你并不曾看进去，我写当然还是写，但我想这来不每天缴卷似的送过去了，我也得装装妈虎，等你自己想起时问起时真的要看时再给你不迟。我记得（你记得吗，眉?）才几个月前你最初与我秘密通讯时，你那时的诚恳，焦急，需要，怎样抱怨我不给你多写，你要看我的字就比掉在岸上的鱼想水似的急，——咳，那时间我的肝肠都叫你摇动了，眉！难道这几个月来你已经看够了不成？我的话准没有先前的动听，所以你也不再着急要，虽则我自问我对你一往的深情真是一天深似一天，我想看你的字，想听你的话，想搂抱你的思想，正比你几个月前想要我的有增无减——眉，这是什么道理？我知道我如其尽说这一套带怨意的话，你一定看得更不耐烦，你真是愈来愈蠢了，什么新鲜的念头，讨人欢喜招人乐的俏皮话一句也想不着，这本子一页又一页只是扳着脸子说的郑重话，那能怪你不爱看——我自个儿活该不是？下回我想来一个你给我的信的一个研究——我要重新接近你那时的真与挚，热烈与深刻。眉，你知道你那时偶尔看一眼，那一眼里含着多少的深情呀！现在你快正眼都不爱觑我了，眉，这是什么道理？你说你心烦，所以连面都不愿见我——我懂得，我不怪你，假如我再跑了一次看看——我不在跟前时也许你的思想到会分给我一些——你说人在身边，何必再想，真是！这样来我愿意我立即死了，那时我倒可以希望占有你一部分纯洁的思想的快乐。眉，你几时才能不心烦？你一天心烦，我也一天不心安，因为我们俩的思想镶不到一起，随我怎样的用力用心——

眉，假如我逼着你跟我走，那是说到和平办法真没有希望时，你将怎样发付我？不，我情愿收回这问句，因为你也许忍心拿一把刀插在爱你的摩的心里！

咳，“以不了了之”，什么话！我倒不信，徐志摩不是懦夫，到相当时候我有我的颜色，无耻的社会你们看着吧！

眉，只要你有一个日本女子一半的痴情与侠气——你早跟我飞了，什么事都解决了。乱丝总得快刀斩，眉，你怎的想不通呀！

上海有时症，天又热，我也有些怕去。

# 八月二十五日

眉，你快乐时就比花儿开，我见了直乐！

# 八月二十七日

两天不亲近爱眉小扎了，真觉得抱歉。

香山去只增添，加深我的懊丧与惆怅，眉，没有一分钟过去不带着想你的痴情，眉，上山，听泉，折花，望远，看星，独步，嗅草，捕虫，寻梦，——那一处没有你，眉，那一处不惦著你眉，那一个心跳不是为着你眉！

我一定得造成你眉；旁人的闲话我愈听愈恼，愈愤愈自信！眉，交给我你的手，我引你到更高处去，我要你托胆的完全信任的把你的手交给我。

我没有别的方法，我就有爱；没有别的天才，就是爱；没有别的能耐，只是爱；没有别的动力，只是爱。

我是极空洞的一个穷人，我也是一个极充实的富人——我有的只是爱。

眉，这一潭清冽的泉水；你不来洗濯谁来；你不来解渴谁来；你不来照形谁来！

我白天想望的，晚间祈祷的，梦中缠绵的，平旦时神往的——只是爱的成功，那就是生命的成功。

是真爱不能没有力量；是真爱不能没有悲剧的倾向。

眉，“先生”说你意志不坚强，所以目前逢著有阻力的环境倒是好的，因为有阻力的环境是激发意志最强的一个力量，假如阻力再不能激发意志时，那事情也就不易了。这时候各界的看法各各不同，眉，你觉出了没有？有绝对怀疑的；有相对怀疑的；有部分同情的；有完全同情的（那很少，除是老K）；有嫉忌的；有阴谋破坏的（那最危险）；有肯积极助成的；有愿消极帮忙的……都有。但是，眉；听着，一切都跟着你我自身走；只要你我有意志，有气，有勇，加在一个真的情爱上，什么事不成功，真的！

有你在我的怀中，虽则不过几秒钟，我的心头便没有忧愁的踪迹；你不在我的当前，我的心就像挂灯似的悬著。

你为什么不抽空给我写一点？不论多少，抱著你的思想与抱著你的温柔的肉体，同样是我这辈子无上的快乐。

往高处走，眉，往高处走！

我不愿意你过分“爱物”，不愿意你随便化钱，无形中养成“想什么非要到什么不可”的习惯；我将来决不会怎样赚钱的，即使有机会我也不来，因为我认定奢侈的生活不是高尚的生活。

爱，在俭朴的生活中，是有真生命的，像一朵朝露浸着的小草花；在奢华的生活中，即使有爱，不能纯粹，不能自然，像是热屋子里烘出来的花，一半天就衰萎的忧愁。

论精神我主张贵族主义；谈物质我主张平民主义。

眉，你闲着时候想一想，你会不会有一天厌弃你的摩。

不要怕想，想是领到“通”的路上去的。

爱朋友怜惜与照顾也得有个限度，否则就有界限不分明的危险。

小的地方要防，正因为小的地方容易忽略。

# 八月二十八日

这生活真闷死得人，下午等你消息不来时我反仆在床上，凄凉极了，心跳得飞快，在迷惘中呻吟著“Let me die，let me die，o Love!”

眉，你的舌头上生疱，说话不利便；我的舌头上不生疱，说话一样的不能出口，我只能连声的叫你，眉，眉，你听着了没有？

为谁憔悴？眉，今天有不少人说我。

老太爷防贼有功，应赏反穿黄马褂！

心里只是一束乱麻，叫我如何定心做事。

“南边去防口实”，咳眉，这回再要“以不了了之”，我真该投身西湖做死鬼去了，我本想在南行前写完这本日记的，但看情形怕不易了，眉，这本子里不少我的呕心血的话，你要是随便翻过的话，我的心血就白呕了！

# 八月二十九日

眉，今天今晚我释然得很。

# 八月三十一日

眉，今晚我只是“爽然”！“如此星辰非昨夜，为谁风露立终宵”，多凄凉的情调呀！北海月色荷香，再会了！

织女与牛郎，清浅一水隔，相对两无言，盈盈复脉脉。

# 九月五日　上海

前几天真不知是怎样过的，眉呀，昨晚到站时“谭谭”背给我听你的来电，他不懂得末尾那个眉字，瞎猜是密码还是什么，我真忍不住笑了——好久不笑了眉，你的摩？

“先生”真可人，“一切如意——珍重——眉”多可爱呀，救命王菩萨，我的眉！这世界毕竟不是骗人的，我心里又漾著一阵甜味儿，痒齐齐怪难受的，飞一个吻给我至爱的眉，我感谢上苍，真厚待我，眉终究不负我，忍不住又独自笑了。昨夜我住在蒋家，覆去翻来老想着你，那睡得着，连着蜜甜的叫你嗔你亲你，你知道不，我的爱？

今天捱过好不容易，直到十一时半你的信才来，阿弥陀佛，我上天了。我一壁开信就见着你肥肥的字迹我就乐想躲著眉，我妈坐在我对桌，我爸躺在床上同声笑着骂了“谁来看你信，这鬼鬼祟祟的干么！”我倒怪不好意思的，念你信时我面上一定很有表情，一忽儿紧绉着眉头，一忽儿笑逐颜开，妈准递眼风给爸笑话我哪！

眉，我真心的小龙，这来才是推开云雾见青天了！我心花怒放就不用提了，眉，我恨不得立刻搂著你，亲你一个气都喘不回来，我的至宝，我的心血，这才是我的好龙儿哪！

你那里是披心沥胆，我这里也打开心肠来收受你的至诚——同时我也不敢不感激我们的“红娘”，他真是你我的恩人——你我还不争气一些！

说也真怪，昨天还是在昏沈地狱里坑著的，这来勇气全回来了，你答应了我的话，你给了我交代，我还不听你话向前做事去，眉，你放心，你的摩也不能不给你一个好“交代”！

今天我对P全讲了，他明白，他说有办法，可不知什么办法？

真厌死人，娘还得跟了来！我本想到南京去接你的，她若来时我连上车站都不便，这多气人。可是我听你话眉，如今我完全听你话，你要我怎办就怎办，我完全信托你，我耐著——为着你眉。

眉，你几时才能再给我一个甜甜的——我急了！

# 九月八日

风波，恶风波。

眉，方才听说你在先施吃冰其琳剪发，我也放心了；昨晚我说——“The absolute way out is the best way out”。

我意思是要你死，你既不能死，那你就活；现在情形大概你也活得过去，你也不须我保护；我为你已经在我的灵魂上涂上一大塔的窑煤，我等于说了谎，我想我至少是对得住你的；这也是种气使然，有行动时只是往下爬，永远不能向上争，我只能暂时洒一滴创心的悲泪，拿一块冷笑的毛毡包起我那流鲜血的心，等着再看随后的变化罢。

我此时竟想立刻跑开，远着你们，至少让“你的”几位安安心；我也不写信给你，也没法写信；我也不想报复，虽则你娘的横蛮真叫人发指；我也不要安慰，我自己会骗自己的，罢了，罢了，真罢了！

一切人的生活都是说谎打底的，志摩，你这个痴子妄想拿真去代谎，结果你自己轮着双层的大谎，罢了，罢了，真罢了！

眉，难道这就是你我的下场头？难道老婆婆的一条命就活活的吓倒了我们，真的蛮横压得倒真情吗？

眉，我现在只想在什么时候再有机会抱着你痛哭一场——我此时忍不住悲泪直流，你是弱者眉，我更是弱者的弱者，我还有什么面目见朋友去，还有什么心肠做事情去——罢了，罢了，真罢了！

眉，留着你半夜惊醒时一颗凄凉的眼泪给我吧，你不幸的爱人！

眉，你镜子里照照，你眼珠里有我的眼水没有？

唉，再见吧！

# 九月九日

今晚许见着你，眉，叫我怎样好！Z说我非但近痴，简直已经痴了。方才爸爸进来问我写什么，我说日记，他要看前面的题字，没法给他看了，他指了指“眉”字，笑了笑，用手打了我一下。爸爸直通人情，前夜我没回家他急得什么似的一晚没睡，他说替我“捏著一大把汗”，后来问我怎样，我说没事，他说“你额上亮着哪”，他又对我说“像你这样年纪，身边女人是应得有一个的，但可不能胡闹，以后，有夫之妇总以少接近为是。”我当然不能对他细讲，点点头算数。

昨晚我叫梦象缠得真苦，眉你真害苦了我，叫我怎生才是？我真想与你与你们一家人形迹上完全绝交，能躲避处躲避，免不了见面时也只随便敷衍，我恨你的娘刺骨，要不为你爱我，我要叫她认识我的厉害！等着吧，总有一天报复的！

我见人都觉着尴尬，了解的朋友又少，真苦死。前天我急极时忽然想起了LY，她多少是个有侠气的女子，她或能帮忙，比如代通消息，但我现在简直连信都不想给你通了，我这里还记着日记，你那里恐怕连想我都没有时候了，唉，我一想起你那专暴淫蛮的娘！

我来扬子江边买一把莲蓬：
手剥一层层的莲衣，
看江鸥在眼前飞，
忍含著一眼悲泪，——
我想著你，我想著你，啊小龙！

我尝一尝莲瓤，回味曾经的温存——
那阶前不卷的重帘，
掩护著销魂的欢恋，
我又听著你的盟言：
“永远是你的，我的身体，我的灵魂。”

我尝一尝莲心，我的心比莲心苦，
我长夜里怔忡，
挣不开的恶梦；
谁知我的苦痛？
你害了我，爱，这是叫我如何过？

但我不能说你负，更不能猜你变；

我心头只是一片柔

你是我的！我依旧

将你紧紧的抱搂；

除非是天翻，但我不能想像那一天！

九月四日沪宁道上

# 九月十日

“受罪受大了”！受罪受大了，我也这么说。眉呀，昨晚席间我浑身的肉都颤动了，差一点不曾爆裂，说也怪，我本不想与你说话的，但等到你对我开口时，我闷在心里的话一句都说不上来，我睁着眼看你来，睁着眼看你去，谁知道你我的心！

有一点我却不甚懂，照这情形绝望是定的了，但你的口气还不是那样子，难道你另外又想出了路子来？我真想不出。

# 九月十一日

眉，你到底是什么会事？你眼看著我流泪晶晶的说话的时候，我似乎懂得你，但转瞬间又模糊了；不说别的，就这现亏我就吃定的了，“总有一天报答你”——那一天不是今天，更有那一天？我心只是放不下，我明天还得对你说话。

事态的变化真是不可逆料，难道真有命的不成？昨晚在 M 外院微光中，你铄亮的眼对着我，你温热的身子亲着我，你说“除非立刻跑”那话就像电火似的照亮了我的心，那一刹那间，我乐极，什么都忘了，因为昨天下午你在慕尔鸣路上那神态真叫我有些诧异，你一边咬得那样定，你心里究竟是什么一回事呢？所以我忍不住（怕你真又糊涂了）写了封信给他，亲自跑去送信，本不想见你的，他昨晚态度到不错，承他的情，我又占了你至少五分钟，但我昨晚一晚只是睡不著，就惦着怎样“跑”。我想起大连，想叫“先生”下来帮着我们一点，这样那样尽想，连我们在大连租的屋子，相互的生活，都一一影片似的翻上心来。今天我一早出门还以为有几分希冀，这冒险的意思把我的心搔得直发痒，可万想不到说谎时是这般田地，说了真话还是这般田地，真是麻维勒斯了！

我心里只是一团迷，我爸我娘直替我着急，悲观得凶，可我又有什么办法？咳眉你不能成心的害我毁我；你今天还说你永远是我的，我没法不信你，况且你又有那封真挚的信，我怎能不怜着你一点，这生活真是太蹊跷了！

# 九月十三日

“先生”昨晚来信，满是慰我的好意，我不能不听他的话，他懂得比我多，看得比我透，我真想暂时收拾起我的私情，做些正经事业；也叫爱我如“先生”的宽宽心，咳，我真是太对不起人了。

眉，一见你一口气就哽住了我的咽喉，什么话都说不出来了，他昨晚的态度真怪，许有什么花样，他临上马车过来与我握手的神情也顶怪的，我站着看你，心里难受就不用提了，你到底是谁的？昨晚本想与你最后说几句话，结果还是一句都说不成，只是加添了愤懑。咳，你的思想真混眉，我不能不说你。

这来我几时再见你眉？看你吧。我不放心的就是你许有澈悟的时候，真要我的时候，我又不在你的身旁，那便怎办？

西湖上见得着我的眉吗？

我本来站在一个光亮的地位，你拿一个黑影子丢上我的身来，我没法摆脱……

The sufferer has no right to pessimism

这话里有电，有震醒力！

十日在栈里做了一首诗：

今晚天上有半轮的下弦月；
我想携着她的手，
往明月多处走——
一样是清光，我想，圆满或残缺。

庭前有一树开剩的玉兰花，
她有的是爱花癖，
我忍看它的怜惜——
一样是芬芳，她说，满花与残花。

浓荫里有一只过时的夜莺；
她受了秋凉，
不如从前浏亮——
快死了，她说，但我不悔我的痴情！

但这莺，这一树残花，这半轮月——
我独自沈吟，
对著我的身影——
她在那里呀，为什么伤悲，凋谢，残缺？

# 九月十六日

你今晚终究来不来？你不来时我明天走怕不得相见了；你来了又待怎样？我现在至多的想望是与你临行一诀，但看来百分里没有一分机会！你娘不来时许还有法想；她若来时什么都完了。想著真叫人气；但转想即使见面又待怎生，你还是在无情的石壁里嵌著，我没法挖你出来，多见只多尝锐利的痛苦，虽则我不怕痛苦。眉，我这来完全变了个“宿命论者”，我信人事会合有命有缘，绝对不容什么自由与意志，我现在只要想你常说那句话早些应验——“我总有一天报答你”，是的我也信，前世不论，今生是你欠我债的；你受了我的礼还不曾回答；你的盟言——“完全是你的，我的身体，我的灵魂，”——还不曾实践，眉，你决不能随便堕落了，你不能负我，你的唯一的摩！我固然这辈子除了你没有受过女人的爱，同时我也自信我也该觉着我给你的爱也不是平常的，眉，真的到几时才能清帐，我不是急，你要我耐我不是不能耐，但怕的是华年不驻，热情难再，到那天彼此都离朽木不远的时候再交抱，岂不是“何苦”？

我怕我的话说不到你耳边，我不知你不见我时心里想的是什么，我不能自由见你，更不能勉强你想我；但你真的能忘我吗？真的能忍心随我去休吗？眉，我真不信为什么我的运蹇如此！

我的心想不论望那一方向走，碰着的总是你，我的甜；你呢？

在家里伴娘睡两晚，可怜，只是在梦阵里颠倒，连白天都是这怔怔的。昨天上车时，怕你在车上，初到打电话时怕你已到，到春润庐时怕你就到——这心头的回折，这无端的狂跳，有谁知道？

方才送花去，踌躇了半晌，不忍不送，却没有附信去，我想你够懂得。

昨天在楼外楼上微醺时那凄凉味儿，眉呀，你何苦爱我来！

方才在烟霞洞与复之闲谈，他说今年红蓼红蕉都死了，紫薇也叫虫咬了，我听了又有怅触，随诌四句——

红蕉烂死紫薇病
秋雨横斜秋风紧
山前山后乱鸣泉
有人独立怅空溟

# 九月十七日

爸今天一定狠怪我，早上没有同去，他已是不愿意，下午又没有回，他准绉眉！但他也一定有数，我为什么耽着；眉，我的眉，为你，不为你更为谁！可怜我今天去车站盼望你来，又不敢露面，心里双层的难受，结果还是白候，这时候有九时半！王福没电话来，大约又没有到，也许不叫打，我几次三番想写给你可又没法传递，咳，真苦极了，现在我立定主意走了，不管了，以后就看你了，眉呀！想不到这爱眉小扎，欢欢喜喜开的篇，会有这样凄惨的结束，这一段公案到那一天才判得清？我成天思前想后的神思越恍惚了，再不赶快找"先生"寻安慰去，我真该疯了。眉，我有些怨你；不怨你别的，怨你在京那一个月，多难得的日子，没多给我一点平安，你想想，北海那晚上！眉，要不是你后来那封信，我真该疑你了。

今天我又发傻，独自去灵隐，直挺挺的躺在壑雷亭下那石条磴上寻梦，我过意把你那小红绢盖在脸上，妄想倩女离魂，把你变到壑雷亭下来会我！眉，你究竟怎样了，我那里舍得下你，我这里还可以现在似的自由的写日记，你那里怕连出神的机会都没有，一个娘，一个丈夫，手挽手的给你造上一座打不破的牢墙，想着怎不叫人恚愤！你说“Some day God will pity us”；but will there be such a day？

昨晚把娘给我那玻璃翠戒指落了，真吓得我！恭喜没有掉了；我盼望有一天把小龙也检了回来，那才真该恭喜哪。

昏昏的度日，诗意尽有，写可写不成，方才凑成了四节。

昨天我冒着大雨去烟霞岭下访桂；
南高峰在烟霞中不见；
在一家松茅铺的屋沿前
我停步，问一个村姑今年
翁家山的丹桂没有去年时的媚。

那村姑先对着我身上细细的端详；
“活像个羽毛浸瘪了的鸟，”
我心里想，她，定觉得蹊跷，
在这大雨天单身走远道，

倒来没来头的问桂花今年香不香！

“客人，你运气不好，来得太迟又太早：
这里就是有名的满家弄，
往年这时候到处香得凶，
这几天连绵的雨，外加风，
弄得这希糟，今年的早桂就算完了，”

果然这桂子林也不能给我欢喜：
枝上只见焦烂的细蕊，
看着凄惨，咳，无妄的灾，
我心想，为什么到处憔悴？——
这年头活著不易，这年头活著不易！

又凑成了一首——

再不见雷峰，雷峰坍成了一座大荒冢，
顶上有不少交抱的青葱，
顶上有不少交抱的青葱，
再不见雷峰，雷峰坍成了一座大荒冢。

发什么感慨，对着这光阴应分的摧残？
世上多的是不应分的变态；

碰上回子梦，我就想把你那小红嘴亲在脸上，要将你当如斯
魂，把你爱到整个亭下来会我，看你究竟怎样了，我
那里放得下你，我这里是你的心跳在你的自由的空口儿，你那里
怕连出神的机会都没有，一个野鸡，一个响叮当大夫，手挽手的
给你造上一座打不破的牢狱，哪有后不叫人喜怜！你说
"Some day God will help us", but when the [illegible]
day，
昨晚把她给我那玻璃翠戒指落了，真叫我心疼你！姜要没
有中挥了，我们记在一天把小龙也挂了回来，那才真的谈柔
表那！

爱眉小札之一页

世上多的是不应分的变态，
发什么感慨，对着这光阴应分的摧残？

发什么感慨，这塔是镇压，这坟是掩埋——
镇压还不如掩埋来得痛快；
镇压还不如掩埋来得痛快，
发什么感慨，这塔是镇压，这坟是掩埋！

再没有雷峰，雷峰从此掩埋在人的记忆中，
像曾经的梦境，曾经的爱宠；
像曾经的梦境，曾经的爱宠，
再没有雷峰，雷峰从此掩埋在人的记忆中！

（完）

# 志摩书信

一九二五年三月三日——五月二十七日

徐志摩先生与陆小曼女士结婚后一日合摄之影

# 一

三月三日志摩临行出国前写给小曼女士的第一封信

小曼：

这实在是太惨了，怎叫我爱你的不难受？假如你这番深沈的冤曲有人写成了小说故事，一定可使千百个同情的读者滴泪，何况今天我处在这最尴尬最难堪的地位，怎禁得不咬牙切齿的恨，肝肠进裂的痛心呢？真的太惨了，我的乖，你前生作的是什么孽，今生要你来受这样惨酷的报应？无端折断一枝花，尚且是残忍的行为，何况这生生的糟蹋一个最美最纯洁最可爱的灵魂。真是太难了，你的四围全是铜墙铁壁，你便有翅膀也难飞，咳，眼看着一只洁白美丽的稚羊让那满面横肉的屠夫擎着利刀向着她刀刀见血的蹂躏谋杀——旁边站着不少的看客，那羊主人也许在内，不但不动怜惜，反而称赞屠夫的手段，好像他们都挂着馋涎想分尝美味的羊羔哪！咳，这简直的不能想，实有的与想像的悲惨的故事我亦闻见过不少，但我爱，你现在所身受的却是谁都不曾想到过，更有谁有胆量来写？我倒劝你早些看哈代那本 Jude The Obscure 吧，那书里的女子 Sue 你一定狠可同情她，哈代写的结果叫人不忍卒读，但你得明白作者的意思，将来有机会我对你细讲。

咳，我真不知道你申冤的日子在那一天！实在是没有一个人能明白你，不明白也算了，一班人还来绝对的冤你，阿呸，狗屁的礼教，狗屁的家庭，狗屁的社会，去你们的，青天里白白的出太阳，这群人血管的水全是冰凉的！我现在可以放怀的对你说，我腔子里一天还有热血，你就一天有我的同情与帮助；我大胆的承受你的爱，珍重你的爱，永保你的爱，我如其凭爱的恩惠还能从我性灵里放射出一丝一缕的光亮，这光亮全是你的，你尽量用吧！假如你能在我的人格思想里发现有些须的滋养与温暖，这也全是你的，你尽量使吧！最初我听见人家诬蔑你的时候，我就热烈的对他们宣言，我说你们听着，先前我不认识她，我没有权利替她说话，现在我认识了她，我绝对的替她辩护，我敢说如其女人的心曾经有过纯洁的，她的就是一个。Her heart is as pure and unsoiled as any women' s heart can be; and her soul as noble. 现在更进一层了，你听着这分别，先前我自已仿佛站得高些，我的眼是往下望的，那时我怜你惜你疼你的感情是斜着下来到你身上的，渐渐的我觉得我的看法不对，我不应得站得比你高些，我只能平看着你。我站在你的正对面，我的泪丝的光芒与你的泪丝的光芒针对的交换着，你的灵性渐渐的化入了我的，我也与你一样觉悟了一个新来的影响，在我的人格中四布的贯彻；——现在我连平视都不敢了，我从你的苦恼与悲惨的情感里憬悟了你的高洁的灵魂的真际，这是上帝神光的反映，我自己不由的低降了下去，现在我只能仰着头献给你我有限的真情与真爱，声明我的惊讶与赞美。不错，勇敢，胆量，怕什么？前途当然是有光亮的，没有也得叫他有。一个灵魂有时可以到最黑暗的地狱里去游行，但一点神灵的光亮却永远在灵魂本身的中心点着——况且你不是确信你已经找着了你的真归宿，真想望，实现了你的梦？来，让这伟大的灵魂的结合毁灭一切的阻碍，创造一切的价值，往前走吧，再也不必迟疑！

你要告诉我什么，尽量的告诉我，像一条河流似的尽量把他的积聚交给天边的大海，像一朵高爽的葵花，对着和暖的阳光一瓣瓣的展露她的秘密。你要我的安慰，你当然有我的安慰，只要我有我能给；你要什么有什么，我只要你做到你自己说的一句话——“Fight On”——即使运命叫你在得到最后胜利之前碰着了不可躲避的死，我的爱，那时你就死，因为死就是成功，就是胜利。一切有我在，一切有爱在。同时你努力的方向得自己认清，再不容丝毫的含糊，让步牺牲是有的，但什么事都有个限度，有个止境；你这样一朵希有的奇葩，决不是为一对不明白的父母，一个不了解的丈夫牺牲来的。你对上帝负有责任，你对自己负有责任，尤其你对于你新发现的爱负有责任，你已往的牺牲已经足够，你再不能轻易糟蹋一分半分的黄金光阴。人间的关系是相对的，应职也有个道理，灵魂是要救度的，肉体也不能永远让人家侮辱蹂躏，因为就是肉体也是含有灵性的。

总之一句话：时候已经到了，你得 Assert your own personality。你的心肠太软，这是你一辈子吃亏的原因，但以后可再不能过分的含糊了，因为灵与肉实在是不能绝对分家的，要不然 Nora 何必一定得抛弃她的家，永别她的儿女，重新投入渺茫的世界里去？她为的就是她自己人格与性灵的尊严，侮辱与蹂躏是不应得容许的。且不忙慢慢的来，不必悲观，不必厌世，只要你抱定主意往前走，决不会走过头，前面有人等着你。

摩

一九二五年三月三日

# 二

三月四日志摩临行出国前写给小曼女士的第二封信

小龙：

你知道我这次想出去也不是十二分心愿的，假定老翁的信早六个星期来时，我一定绝无顾恋的想法走了完事；但我的胸坎间不幸也有一个心，这个跪弱的心又不幸容易受伤，这回的伤不瞒你说又是受定的了，所以我即使走也不免咬一咬牙齿忍着些心痛的。这还是关于我自己的话；你一方面我委实有些不放心，不是别的，单怕你有限的勇气敌不过环境的压迫力，结果你竟许多少不免明知故犯，该走一百里路也只能走满三四十里，这是可虑的。

龙呀：你不知道我怎样深刻的期望你勇猛的上进，怎样的相信你确有能力发展潜在的天赋，怎样的私下祷祝有那一天叫这浅薄的恶俗的势利的“一般人”开着眼惊讶，闭着眼惭愧——等到那一天实现时，那不仅你的胜利也是我的荣耀哩！聪明的小曼：千万争这口气才是！我常在身旁自然多少于你有些帮助，但暂时分别也有绝大的好处，我人去了，我的思想还是在着，只要你能容受我的思想。我这回去是补足我自己的教育，我一定加倍的努力吸收可能的滋养，我可以答应你我决不枉费我的光阴与金钱，同时我当然也期望你加倍的勤奋，认清应走的方向，做一番认真的工夫试试，我们总要隔了半年再见时彼此无愧才好。你的情形固然不同，但你如其真有深澈的觉悟时，你的生活习惯自然会得改变的，我信 F 也能多少帮助你。

我并不愿意做你的专制皇帝，落后叫你害怕讨厌，但我真想相当的笃饬着你，如其你过分顽皮时，我是要打的吓！有一件事不知你能否做到，如能到是件有益而且有趣的事，我想要你写信给我，不是平常的写法，我要你当作日记写，不仅记你的起居等等，并且记你的思想情感——能寄给我当然最好，就是不寄也好，留着等我回来时一总看，先生再批分数，你如其能做到这点意思，那我就高兴而且放心了。同时我当然有信给你，不能怎样的密，因为我在旅行时怕不能多写，但我答应选我一路感到的一部分真纯思想给你，总叫你得到了我的消息，至少暂时可以不感觉寂寞，好不好，曼？关于游历方面，我已经答应做《现代评论》的特约通讯员，大概我人到眼到的事物多少总有报告，使我这里的朋友都能分沾我经验的利益。

顶要紧是你得拉紧你自己，别让不健康的引诱摇动你，别让消极的意念过分压迫你，你要知道我们一辈子果然能真相知真了解，我们的牺牲，苦恼与努力，也就不算是枉费的了。

摩

三月四日

# 三

三月十日志摩临行出国前写给小曼女士的第三封信

龙龙：

我的肝肠寸寸的断了，今晚再不好好的给你一封信，再不把我的心给你看，我就不配爱你，就不配受你的爱。我的小龙呀，这实在是太难受了，我现在不愿别的，只愿我伴着你一同吃苦——你方才心头一阵阵的作痛，我在旁边只是咬紧牙关闭着眼替你熬着，龙呀，让你血液里的讨命鬼来找着我吧，叫我眼看你这样生生的受罪，我什么意念都变了灰了！你吃现鲜鲜的苦是真的，叫我怨谁去？

离别当然是你今晚纵酒的大原因，我先前只怪我自己不留意，害你吃成这样，但转想你的苦，分明不全是酒醉的苦，假如今晚你不喝酒，我到了相当的时刻得硬着头皮对你说再会，那时你就会舒服了吗？再回头受逼迫的时候，就会比醉酒的病苦强吗？咳，你自己说的对，顶好是醉死了完事，不死也得醉，醉了多少可以自由发泄，不比死闷在心窝里好吗？所以我一想到你横竖是吃苦，我的心就硬了。我只恨你不该留这许多人一起喝，人一多就糟，要是单是你与我对喝，那时要醉就同醉，要死也死在一起，醉也是一体，死也是一体，要哭让眼泪和成一起，要心跳让你我的胸膛贴紧在一起，这不是在极苦里实现了我们想望的极乐，从醉的大门走进了大解脱的境界，只要我们灵魂合成了一体，这不就满足了我们最高的想望吗？

啊我的龙，这时候你睡熟了没有？你的呼吸调匀了没有？你的灵魂暂时平安了没有？你知不知道你的爱正在含着两眼热泪在这深夜里和你说话，想你，疼你，安慰你，爱你？我好恨呀，这一层的隔膜，真的全是隔膜，这仿佛是你淹在水里挣扎着要命，他们却掷下瓦片石块来算是救渡你，我好恨呀！这酒的力量还不够大，方才我站在旁边我是完全准备了的，我知道我的龙儿的心坎儿只嚷着“我冷呀，我要他的热胸膛偎着我，我痛呀，我要我的他搂着我，我倦呀，我要在他的手臂内得到我最想望的安息与舒服！”——但是实际上我只能在旁边站着看，我稍微的一帮助就受人干涉，意思说“不劳费心，这不关你的事，请你早去休息吧，她不用你管！”哼，你不用我管！我这难受，你大约也有些觉着吧！

方才你接连了叫着，“我不是醉，我只是难受，只是心里苦，”你那话一声声像是钢铁锥子刺着我的心：愤，慨，恨，急的各种情绪就像潮水似的涌上了胸头；那时我就觉得什么都不怕，勇气像天一般的高，只要你一句话出口什么事我都干！为你我抛弃了一切，只是本分为你我，还顾得什么性命与名誉——真的假如你方才说出了一半句着边际着颜色的话，此刻你我的命运早已变定了方向都难说哩！

你多美呀，我醉后的小龙，你那惨白的颜色与静定的眉目，使我想像起你最后解脱时的形容，使我觉着一种逼迫赞美崇拜的激震，使我觉着一种美满的和谐——龙我的至爱，将来你永诀尘俗的俄顷，不能没有我在你的最近的边旁，你最后的呼吸一定得明白报告这世间你的心是谁的，你的爱是谁的，你的灵魂是谁的！龙呀，你应当知道我是怎样的爱你，你占有我的爱，我的灵，我的肉，我的“整个儿”。永远在我爱的身旁旋转着，永久的缠绕着，真的龙龙，你已经激动了我的痴情。我说出来你不要怕，我有时真想拉你一同情死去，去到绝对的死的寂灭里去实现完全的爱，去到普遍的黑暗里去寻求唯一的光明——咳，今晚要是你有一杯毒药在近旁，此时你我竟许早已在极乐世界了。说也怪，我真的不沾恋这形式的生命，我只求一个同伴，有了同伴我就情愿欣欣的瞑目；龙龙，你不是已经答应做我永久的同伴了吗？我再不能放松你，我的心肝，你是我的，你是我这一辈子唯一的成就，你是我的生命，我的诗；你完全是我的，一个个细胞都是我的——你要说半个不字叫天雷打死我完事。

我在十几个钟头内就要走了，丢开你走了，你怨我忍心不是？我也自认我这回不得不硬一硬心肠，你也明白我这回去是我精神的与知识的“散拿吐瑾”。我受益就是你受益，我此去得加倍的用心，你在这时期内也得加倍的奋斗，我信你的勇气这回就是你试验，实证你勇气的机会，我人虽走，我的心不离开你，要知道在我与你的中间有的是无形的精神线，彼此的悲欢喜怒此后是会相通的，你信不信？（身无彩凤双飞翼，心有灵犀一点通。）我再也不必嘱咐，你已经有了努力的方向，我预知你一定成功，你这回冲锋上去，死了也是成功！有我在这里，阿龙，放大胆子，上前去吧，彼此不要辜负了，再会！

摩

三月十日早三时

我不愿意替你规定生活，但我要你注意缰子一次拉紧了是松不得的，你得咬紧牙齿暂时对一切的游戏娱乐应酬说一声再会，你甘脆的得谢绝一切的朋友。你得澈底的刻苦，你不能纵容你的 Whims，再不能管闲事，管闲事空惹一身骚；也再不能发脾气。记住，只要你耐得住半年，只要你决意等我，回来时一定使你满意欢喜，这都是可能的；天下没有不可能的事——只要你有信心，有勇气，腔子里有热血，灵魂里有真爱。龙呀！我的孤注就押在你的身上了！

再如失望，我的生机也该灭绝了，

最后一句话：只有 S 是唯一有益的真朋友。

三月十日早

# 四

三月十一日离京赴欧途中在奉天寄给小曼女士的信

方才无数美丽的雅致的信笺都叫你们抢了去，害我一片纸都找不着，此刻过西北时写一个字条给丁在君是撕下一张报纸角来写的，你看这多窘；幸亏这位先生是丁老夫子的同事，说来也是熟人，承他作成，翻了满箱子替我寻出这几张纸来，要不然我到奉天前只好搁笔，笔倒有，左边小口袋内就是一排三支。

方才那百子放得恼人，害得我这铁心汉也觉着又些心酸，你们送客的有吊眼泪的没有？（啊啊臭美！）小曼，我只见你双手掩着耳朵，满面的惊慌，惊了就不悲，所以我推想你也没掉眼泪。但在满月夜分别，咳！我孤孤单单的一挥手，你们全站着看我走，也不伸手来拉一拉，样儿也不装装，真可气。我想送我的里面，至少有一半是巴不得我走的，还有一半是“你走也好，走吧。”

车出了站，我独自的晃着脑袋，看天看夜，稍微有些难受，小停也就好了。

我倒想起去年五月间那晚我离京向西时的情景：那时更凄怆些，简直的悲，我站在车尾巴上，大半个黄澄澄的月亮在东南角上升起，车轮阁的阁的响着，W 还大声的叫“徐志摩哭了”（不确）；但我那时虽则不曾失声，眼泪可是有的。怪不得我，你知道我那时怎样的心理，仿佛一个在俄国吃了大败仗往后退的拿破仑，天茫茫，地茫茫，心更茫茫，叫我不掉眼泪怎么着？但今夜可不同，上次是向西，向西是追落日，你碰破了脑袋都追不着，今晚是向东，向东是迎朝日，只要你认定方向，伸着手膀迎上去，迟早一轮旭红的朝日会得涌入你的怀中的。这一有希望，心头就痛快，暂时的小悱恻也就上口有味。半酸不甜的，生滋滋的像是啃大鲜果，有味！

娘那里真得替我磕脑袋道歉，我不但存心去恭恭敬敬的辞行，我还预备了一番话要对她说哪，谁知道下午六神无主的把她忘了，难怪令尊大人相信我是荒唐，这还不够荒唐吗？你替我告罪去，我真不应该，你有什么神通，小曼，可以替我“包荒”？

天津已经过了，（以上是昨晚写的，写至此，倦不可支，闭目就睡，睡醒便坐着发呆的想，再隔一两点钟就过奉天了。）韩所长现在车上，真巧，这一路有他同行，不怕了。方才我想打电话，我的确打了，你没有接着吗？往窗外望，左边黄澄澄的土直到天边，右边黄澄澄的地直到天边；这半天，天色也不清明，叫人看着生闷。方才遥望锦州城那座塔，有些像西湖上那座雷峰，像那倒坍了的雷峰，这又增添了我无限的惆怅。但我这独自的吁嗟，有谁听着来？

你今天上我的屋子里去过没有？希望沈先生已经把我的东西收拾起来，一切零星小件可以塞在那两个手提箱里，没有钥匙，贴上张封条也好，存在社里楼上我想够妥当了。还有我的书顶好也想法子点一点。你知道我怎样的爱书，我最恨叫人随便拖散，除了一两个我准许随便拿的（你自己一个）之外，一概不许借出，这你得告诉沈先生。到少得过一个多月才能盼望看你的信，这还不是刑罚！你快写了寄吧，别忘 Via Siboria，要不是一信就得走两个月。

志摩

星二奉天

# 五

三月十二日出国途中在哈尔滨寄给小曼女士的信

叫我写什么呢？咳！今天一早到哈，上半天忙着换钱，一个人坐着吃过两块糖，口里怪腻烦的，心里不狠好过。国境不曾出，已经是举目无亲的了，再下去益发凄惨，赶快写信吧，干闷着也不是道理。但是写什么呢？写感情是写不完的还是写事情的好。

日记大纲

星一　松树胡同七号分脏，车站送行百子响，小曼掩耳朵。

星二　睡至十二时正，饭车里碰见老韩，夜十二时到奉天，住日本旅馆。

星三　早上大雪缤纷，独坐洋车进城闲逛，三时与韩同行去长春。车上赌纸牌，输钱，头痛。

看两边雪景，一轮日。夜十时换俄国车吃美味柠檬茶。睡著小凉，出涕。

星四 早到哈，韩待从甚盛。去懋业银行，予犹太鬼换钱买糖，吃饭，写信。

韩事未了，须迟一星期。我先走，今晚独去满洲里，后日即入西伯利亚了。这次是命定不得同伴，也好，可以省唾液，少谈天，多想，多写，多读。真倦，才在沙发上入梦，白天又沉西，距车行还有六个钟头叫我干什么去?

说话一不通，原来机灵人，也变成了木松松。我本来就灵机，这来去俄国真像呆徒了。今早撞进一家糖果铺去，一位卖糖的姑娘黄头发白围裙，来得标致；我晓风里进来，本有些冻嘴，见了她爽性楞住了，楞了半天，不得要领，她都笑了。

不长胡子真吃亏，问我那儿来的，我说北京大学，谁都拿我当学生看。今天早上在一家钱铺子里一群犹太人，围著我问话，当然只当我是个小孩，后来一见我护照上填著“大学教授”，他们一齐吃惊，改容相待，你说不有趣吗?我爱这儿尖屁股的小马车，顶好要一个戴大皮帽的大俄鬼子赶，这满街乱跳，什么时候都可以翻车，看了真有意思，坐着更好玩。中午我闯进一家俄国饭店去，一大群涂脂抹粉的俄国女人全抬起头看我，吓得我直往外退出门逃走了。我从来不看女人的鞋帽，今天居然看了半天，有一顶红的真俏皮。寻书铺，不得。我只好寄一本糖书去，糖可真坏，留着那本书吧。这信迟四天可以到京，此后就远了，好好的自己保重吧，小曼，我的心神摇摇的仿佛不曾离京，今晚可以见你们似的，再会吧！

摩

三月十二日

# 六

三月十四日在满洲里途中寄回小曼女士的信

小曼：

昨夜过满洲里，有冯定一招呼，他也认识你的。难关总算过了，但一路来还是小心翼翼的只怕“红先生”们打进门来麻烦，多谢天，到现在为止，一切平安顺利。今天下午三时到赤塔，也有朋友来招呼，这国际通车真不坏，我运气格外好，独自一间大屋子，舒服极了。我闭著眼想，假如我有一天与“她”度蜜月，就这西伯利亚也不坏；天冷算什么？心窝里热就够了！路上饮食可有些麻烦，昨夜到今天下午简直没东西吃，我这茶桶没有茶灌顶难过，昨夜真饿，翻箱子也翻不出吃的来，就只陈博生送我的那罐福建肉松伺候着我，但那干束束的，也没法子吃。想起倒有些怨你青果也不曾给我买几个；上床睡时没得睡衣换，又得怨你那几天你出了神，一点也不中用了。但是我决不怪你，你知道，我随便这么说就是了。

同车有一个意大利人极有趣，狠谈得上。他的胡子比你头发多得多，他吃烟的时候我老怕他著火，德国人有好几个，蠢的多，中国人有两个（学生），不相干。英美法人一个都没有。再过六天，就到莫斯科，我还想到彼得堡去玩哪！这回真可惜了，早知道西伯利亚这样容易走，我理清一个提包，把小曼装在里面带走不好吗？不说笑话，我走了以后你这几天的生活怎样的过法？我时刻都惦记着你，你赶快写信寄英国吧，要是我人到英国没有你的信，那我可真要怨了。你几时搬回家去，既然决定搬，早搬为是，房子收拾整齐些，好定心读书做事。这几天身体怎样？散拿吐瑾一定得不间断的吃，记着我的话！心跳还来否？什么细小事情都愿意你告诉我，能定心的写几篇小说，不管好坏，我一定有奖。你见着的是那几个人，戏看否？早上什么时候起来，都得告诉我。我想给晨报写通信，老是提心不起，火车里写东西真不容易，家信也懒得写，可否恳你的情，常常为我转告我的客中情形，写信寄浙江硖石徐申如先生。说起我临行忘了一本金冬心梅花册，他的梅花真美，不信我画几朵你看。

摩

三月十四日

# 七

三月十八日赴欧途中在俄国西伯利亚铁路寄给小曼女士的信

小曼：

好几天没信寄你，但我这几天真是想家的厉害。每晚（白天也是的）一闭上眼就回北京，什么奇怪的花样都会在梦里变出来。曼，这西伯利亚的充军，真有些儿苦，我又晕车，看书不舒服，写东西更烦，车上空气又坏，东西也难吃，这真是何苦来。同车的人不是带着家眷便是回家去的，他们在车上多过一天便离家近一天，就只我这傻瓜甘心抛去暖和热闹的北京，到这荒凉境界里来叫苦！

再隔一个星期到柏林，又得对付她了；小曼，你懂得不是？这一来柏林又变了一个无趣味的难关，所以总要到意大利等着老头以后，我才能鼓起游兴来玩；但这单身的玩，兴趣终是有限的，我要是一年前出来，我的心里就不同，那时倒是破釜沈舟的决绝，不比这一次身心两处，梦魂都不得安稳。

但是曼，你们放心，我决不颓丧，更不追悔，这次欧游的教育是不可少的，稍微吃点子苦算什么，那还不是应该的。你知道我并没有多么不可动摇的大天才，我这两年的文字生活差不多是逼出来的，要不是私下里吃苦，命途上颠仆，谁知道我灵魂里有没有音乐？安乐是害人的，像我最近在北京的生活是不可以为常的，假如我新月社的生活继续下去，要不了两年，徐志摩不堕落也堕落了，我的笔尖上再也没有光芒，我的心上再没有新鲜的跳动，那我就完了——“泯然众人矣”！到那时候我一定自惭形秽，再也不敢谬托谁的知己，竟许在政治场中鬼混，涂上满面的窑煤——咳，那才叫做出丑哩！要知道堕落也得有天才，许多人连堕落都不够资格。我自信我够，所以更危险。因此我力自振拔，这回出来清一清头脑，补足了我的教育再说——爱我的，期望我成才的，都好像是我的恩主，又像债主，我真的又感激又怕他们！小曼，你也得尽你的力量帮助我望清明的天空上腾，谨防我一滑足陷入泥深潭，从此不得救度。小曼，你知道我绝对不慕荣华，不羡名利，——我只求对得起我自己。

将来我回国后的生活，的确是问题，照我自己理想，简直想丢开北京，你不知道我多么爱山林的清静。前年我在家乡山中，去年在庐山时，我的性灵是天天新鲜天天活动的。创作是一种无上的快乐，何况这自然而然像山溪似的流着——我只要一天出产一首短诗，我就满意。所以我狠想望欧洲回去后到西湖山里（离家近些）去住几时。但须有一个条件，至少得有一个人陪着我；在山林清幽处与一如意友人共处——是我理想的幸福，也是培养，保全一个诗人性灵的必要生活，你说是否，小曼？

朋友像 S. M 他们，固然他们也狠爱我器重我，但他们却不了解我——他们期望我做一点事业，譬如要我办报等等，但他们那能知道我灵魂的想望？我真的志愿，他们永远端详不到的。男朋友里真望我的，怕只有 B. 一个，女友里 S. 是我一个同志，但我现在只想望“她”能做我的伴侣，给我安慰，给我快乐，除了“她”这茫茫大地上叫我更问谁要去？

这类话暂且不提，我来讲些车上的情形给你听听。——我上一封信上不是说在这国际车上我独占一大间卧室舒服极了不是？好，乐极生悲，昨晚就来了报应！昨夜到一个大站，那地名不知有多长，我怎样也念不上来。未到以前就有人来警告我说前站有两个客人上车，你的独占得满期了。我就起了恐慌，去问那和善的老车役，他张着口对我笑笑说，“不错，有两个客人要到你房里，而且是两位老太太”！（此地是男女同房的，不管是谁！）我说你不要开玩笑，他说“那你看着，要是老太太还算是你的幸气，在这样荒凉的地方，那里有好客人来。”过了一程，车到了站。我下去散步回来，果然，房间里有了新来的行李，一只帆布提箱，两大铺盖，一只篾篮装食物的，我看这情形不对，就问间壁房里人来了些什么客人，间壁住了肥美的德国太太，回答我“来人不是好对付的，先生这回怕要受苦了！”不像是好对付的，唉？来了，两位，一矮，一高，矮的青脸，高的黑脸，青的穿黑，黑的穿青，一个像老母鸭，一个像猫头鹰，衣襟上都带着列宁小照的御章，分明是红党里的将军！

我马上陪笑脸，凑上去说话，不成，高的那位只会三句英语，青脸的那位一字不提，说了半天，不得要领。再过一歇，他们在饭厅里，我回房，老车役进来铺床，他就笑着问我，“那两位老太太好不好？”我恨恨的说，“别趣了，我真着急，不知来人是什么路道？”正说时，他掀起一个垫子，露出两柄明晃晃上足子弹的手枪，他就拿在手里，一头笑著说“你看，他们就是这个路道！”

今天早上醒来，恭喜我的头还是好好的在我的脖子上安著。小曼，你要看了他们两位好汉的尊容，准吓得你心跳，浑身抖擞！俄国的东西贵死了，可恨！车里饭坏的不成话，贵的更不成话，一杯可可五毫钱像泥水，还得看蒠者大爷们的嘴脸！地方是真冷，决不是人住的！一路风景可真美，我想专写一封晨报通信，讲西伯利亚。

小曼，现在我这里下午六时，北京约在八时半，你许正在吃饭，同谁？讲些什么？为什么我听不见？咳！我恨不得——不写了。一心只想到狄更生那里看信去！

志摩

三月十八日 Omsk

# 八

## 三月二十六日在柏林寄给小曼女士的信

小曼：

柏林第一晚。一时半。方才送 C 女士回去，可怜不幸的母亲，三岁的小孩子只剩了一撒冷灰，一周前死的。她今天挂着两行眼泪等我，好不凄惨；只要早一周到，还可见着可爱的小脸儿，一面也不得见，这是那里说起？他人缘到有，前天有八十人送他的殡，说也奇怪，凡是见过他的，不论是中国人德国人，都爱极了他，他死了街坊都出眼泪，没一个不说的不曾见过那样聪明可爱的孩子。曼，你也没福，否则你也一定乐意看见这样一个孩儿的——他的相片明后天寄去，你为我珍藏著吧。真可怜，为他病也不知有几十晚不曾阖眼，瘦得什么似的，她到这时还不能相信，昏昏的只似在梦中过活。小孩儿的保姆比她悲伤更切。她是一个四十左右的老姑娘，先前爱上了一个人，不得回音，足足的痴了这六七年，好容易得着了宝贝，容受他母性的爱；她整天的在他身上用心尽力，每晚每早为他祷告，如今两手空空的，两眼汪汪的，连祷告都无从开口，因为上帝待她太惨酷了。我今天赶来哭他，半是伤心，半是惨目，也算是天罚我了。

唉！家里有电报去，堂上知道了更不知怎样的悲惨，急切又没有相当人去安慰他们，真是可怜！曼！你为我写封信去吧，好么？听说老谷尔也在南方病着，我赶快得去，回头老人又有什么长短，我这回到欧洲来，岂不是老小两空！而且我深怕这兆头不好呢。

C 可是一个有志气有胆量的女子，她这两年来进步不少，独立的步子已经站得稳，思想确有通道，这是朋友的好处，老 K 的力量最大，不亚于我自己的。她现在真是“什么都不怕”，将来准备丢几个炸弹，惊惊中国鼠胆的社会，你们看着吧！

柏林还是旧柏林，但贵贱差得太远了，先前化四毛现在得化六元八元，你信不信？

小曼，对你不起，收到这样一封悲惨乏味的信，但是我知道你一定生气我补这句话，因为你是最柔情不过的，我吊眼泪的地方你也免不了吊，我闷气的时候你也不免闷气，是不是？

今晚与 C 看茶花女的乐剧解闷，闷却并不解。明儿有好戏看，那是萧伯讷的 Jean D' arc，柏林的咖啡（叫 Macca）真好，Peach Melba 也不坏，就是太贵。

今年江南的春梅都看不到，你多多寄些给我才是！

志摩

三月廿六日

# 九

四月十日在伦敦寄给小曼女士的信

小曼：

我一个人在伦敦瞎逛，现在在“采花楼”一个人喝乌龙茶等吃饭。再隔一点钟，去看 John Barrymore 的 Hamlet。这次到英国来就为看戏。你要一时不得我的信，我怕你有些着急，我也不知怎的总是懒得动笔，虽则我没有一天不想把那天的经验整个儿告诉你。说也奇怪，我还是每晚做梦回北京，十次里有九次见着你，每次的情形，总令人难过。真的。像 C 他们说我只到欧洲来了一双腿，“心”有别用的，还说肠胃都不曾带来，因为我胃口不好！你们那里有谁做梦会见我的魂没有？我也愿意知道。我到现在还不曾接到中国来的半个字；怕掉了，我真着急。我想别人也许没有信，小曼你总该有，可是到那一天才能得到你的信我自己都不知道！我这次来一路上坟送葬，惘惘极了，我有一天想立刻买票到印度去还了愿心完事；又想立刻回头赶回中国，也许有机会与你一同到小林深处过夏去，强如在欧洲做流氓。其实到今天为止我也是没有想定要流到那里去，感情是我的指南，冲动是我的风！

这是永远是今日不知明日事的办法。印度我总得去，老头在不在我都得去。这比菩萨面前许不得愿心，还要紧。照我现在的主意竟是至迟六月初动身到印度，八九月间可回国，那就快乐了。

我前晚到伦敦的，这里大半朋友全不在，春假旅行去了。只见着那美术家 Roger Fry 翻中国诗的 Arther Waley。昨晚我住在他那里，今晚又得做流氓了。今天看回了戏，明早就是黎张女士等着要跟我上意大利玩去，我们打算先玩威尼斯，再去佛洛伦与罗马，她只有两星期就得回柏林去上学，我一个人还得往南；想到 Sicily 去洗澡，再回头来。我这一时一点心的平安都没有，烦极了，“先生”那里信也一封没有着笔，诗半行也没有——如其有什么可提的成绩，也许就只晚上的梦，那到不少，并且多的是花样，要是有法子理下来时，早已成书了。

这回旅行太糟了，本来的打算多如意多美，泰谷尔一跑，我就没了落儿，我到不怨他，我怨的他的书记那恩厚之小鬼，一面催我出来，一面让老头回去，也不给我个消息，害我白跑一趟。同时他到舒服，你知道他本来是个不名一文的光棍，现在可大抖了，他做了 Mrs. Willard 的老爷，她是全世界最富女人的一个，在美国顶有名的。这小鬼不是平地一声雷，脑袋上都装了金了吗？我有电报给他，已经四天了，也不得回电，想是在蜜月里蜜昏了，那曾得我在这儿空宕。

小曼你近来怎样？身体怎样？你的心跳病我最怕，你知道你每日一发病，我的心好像也吊了下去似的。近来发不发？我盼望不再来了。你的心绪怎样？这话其实不必问，不问我也猜着。真是要命，这距离不是假的，一封信来回，至少的四十天，我问话也没有用，还不如到梦里去问吧！说起现在无线电的应用真是可惊，我在伦敦可以听到北京饭店礼拜天下午的音乐或是旧金山市政所里的演说，你说奇不奇？现在德国差不多每家都装了听音机，就是限制（每天报什么时候听什么）并且自己不能发电，将来我想无线电话有了普遍的设备，距离与空间就不成问题了。

比如我在伦敦，就可以要北京电话，与你直接谈天你说多美！

在曼殊斐儿坟前写的那张信片到了没有？我想另做一首诗。

但是你可知道她的丈夫已经再娶了，也是一个有钱的女人。那虽则没有什么，曼殊斐儿也不会见怪，但我总觉得有些尴尬，我的东道都输了。你那篇 Something Childish 改好没有？近来做些什么事？英国寒伧的很，没有东西寄给你，到了意大利再寄好玩儿的给你，你乖乖的等着吧！

摩

四月十日伦敦

# 十

六月二十五日在巴黎寄给小曼女士的信

我唯一的爱龙，你真得救我了！我这几天的日子也不知怎样过的，一半是痴子，一半是疯子，整天昏昏的，惘惘的，只想着我爱你，你知道吗？早上梦醒来，套上眼镜，衣服也不换就到楼下去看信——照例是失望，那就好比几百斤的石子压上了心去，一阵子悲痛，赶快回头躲进了被窝，抱住了枕头叫着我爱的名字，心头火热的浑身冰冷的，眼泪就冒了出来，这一天的希冀又没了。说不出的难受，恨不得睡着从此不醒，做梦到可以自由些。龙呀，你好吗？为什么我这心惊肉跳的一息也忘不了你，总觉得有什么事不曾做妥当或是你那里有什么事似的。龙呀，我想死你了，你再不救我，谁来救我？为什么你信寄得这样稀，笔这样懒？我知道你在家忙不过来，家里人烦着你，朋友们烦着你，等得清静的时候你自己也倦了；但是你要知道你那里日子过得容易，我这孤鬼在这里，把一个心悬在那里收不回来，平均一个月盼不到一封信，你说能不能怪我抱怨？龙呀，时候到了，这是我们，你与我，自己顾全自己的时候，再没有工夫去敷衍人了。现在时候到了，你我应当再也不怕得罪人——哼，别说得罪人，到必要时天地都得捣烂他哪！

龙呀，你好吗？为什么我心里老是这怔怔的？我想你亲自给我一个电报，也不曾想着——我倒知道你又做了好几身时式的裙子！你不能忘我，爱，你忘了我，我的天地都昏黑了。你一定骂我不该这样说话，我也知道，但你得原谅我，因为我其实是急慌了。（昨晚写的墨水干了所以停的。）

Z走后我简直是“行尸走肉”，有时到赛因河边去看水，有时到清凉的墓园里默想。这里的中国人，除了老K都不是我的朋友，偏偏老K整天做工，夜里又得早睡，因此也不易见着他。昨晚去听了一个Opera叫Tristan et Isolde。音乐，唱都好，我听着浑身只发冷劲，第三幕Tristan快死的时候，Iso从海湾里转出来拼了命来找她的情人，穿一身浅蓝带长袖的罗衫——我只当是我自己的小龙，赶着我不曾脱气的时候，来搂抱我的躯壳与灵魂——那一阵子寒冰刺骨似的冷，我真的变了戏里的Tristan了！

那本戏是最出名的“情死”剧 Love-Death，Tristan 与 Isolde 因为不能在这世界上实现爱，他们就死，到死里去实现更绝对的爱，伟大极了，猖狂极了，真是“惊天动地”的概念，“惊心动魄”的音乐。龙，下回你来，我一定伴你专看这戏，现在先寄给你本子，不长，你可以先看一遍。你看懂这戏的意义，你就懂得恋爱最高，最超脱，最神圣的境界；几时我再与你细谈。

龙儿，你究竟认真看了我的信没有？为什么回信还不来？你要是懂得我，信我，那你决不能再让你自己多过一半天糊涂的日子；我并不敢逼迫你做这样，做那样，但如果你我间的恋情是真的，那它一定有力量，有力量打破一切的阻碍；即使得度过死的海，你我的灵魂也得结合在一起——爱给我们勇，能勇就是成功，要大抛弃才有大收成，大牺牲的决心是进爱境唯一的通道。我们有时候不能因循，不能躲懒，不能姑息，不能纵容“妇人之仁”。现在时候到了，龙呀，我如果往虎穴里走（为你），你能不跟着来吗？

我心思杂乱极了，笔头上也说不清，反正你懂就好了，话本来是多余的。

你决定的日子就是我们理想成功的日子——我等着你的信号，你给 W 看了我给你的信没有？我想从后为是，尤是这最后的几封信，我们当然不能少他的帮忙，但也得谨慎，他们的态度你何不讲给我听听。

照我的预算在三个月内（至多）你应该与我一起在巴黎！

你的心他

六月廿五日

# 十 一

五月二十七日在斐伦翠寄给小曼女士的信

小曼：

W 的回电来后，又是四五天了，我早晚忧巴巴的只是盼着信，偏偏信影子都不见，难道你从四月十三写信以后，就没有力量提笔？W 的信是二十三，正是你进协和的第二天，他说等“明天”医生报告病情，再给我写信，只要他或你自己上月寄出信，此时也该到了，真闷煞人！

回电当然是个安慰，否则我这几天那有安静日子过？电文只说“一切平安”，至少你没有危险了是可以断定的，但你的病情究竟怎样？进院后医治见效否？此时已否出院？已能照常行动否？我都急得要知道，但急偏不得知道，这多别扭！

小曼：这回苦了你，我想你病中一定格外的想念我，你哭了没有？我想一定有的，因为我在这里只要上床一时睡不着，就叫曼，曼不答应我，就有些心酸，何况你在病中呢？早知你有这场病，我就不应离京，我老是怕你病倒，但是总希望你可以逃过，谁知你还是一样吃苦，为什么你不等着我在你身边的时候生病？

这话问的没理，我知道我也不一定会得侍候病人，但是我真想倘如有机会伴着你养病，就是乐趣。你枕头歪了，我可以替你理正，你要水喝，我可以拿给你，你不厌烦我念书给你听，你睡着了我轻轻的掩上了门，有人送花来我给你装进瓶子去；现在我没福享受这种想像中的逸趣，将来或许我病倒了，你来伴我也是一样的。你此番病中有谁侍候着你？娘总常常在你身边，但她也得管家，朋友中大约有些人是常来的，你病中感念一定很多，但不想也就忘了。

近来不说功课，不说日记，连信都没有，可见你病得真乏了。你最后倚病勉强写的那两封信，字迹潦草，看出你腕劲一些也没有，真可怜，曼呀，我那时真着急，简直怕你死，你可不能死，你答应为我活着。你现在又多了一个仇敌——病，那也得你用意志力来奋斗的，你究竟年轻，你的伤损容易养得过来的，千万不要过于伤感。病中面色是总不好看的，那也没法，你就少照镜子，等精神回来的时候，再自己看自己也不迟。你现在虽则瘦，还是可以回复你的丰腴的，只要你生活根本的改样。

我月初连着寄的长信，应该连续的到了，但你的回信不知要到什么时候才来？想着真急。据有人说娘疑心我的信激成你的病的，所以常在那里查问我；我的信不会丢漏的么？我盼望寄你的信只有你看见再没有第二人看，不是看不得，是不愿意叫人家随便讲闲话，是真的。但你这回可真得坚决了，我上封信要你跟W来欧，你仔细想过没有？这是你一生的一个大关键。俗语说的快刀斩乱丝，再痛快不过的。我不愿意你再有踌躇，上帝帮助能自助的人，只要你站起来就有人在你前面领路。W真是“解人”，要不是他，岂不是我你在两地着急，叫天天不应的多苦；现在有他做你的红娘，你也够放心，我真盼望你们俩一共到欧洲来，我一定请你们喝香槟接风，有好消息时，最好打电报来就可以。B在瑞士，月初或到斐伦翠来，我们许同游欧洲再报告你。盼望你早已健全，我永远在你的身边，我的曼。

摩

五月二十六日

徐志摩先生结婚后蜜月中所摄

# 小曼日记

一九二五年三月十一日——七月十一日

陆小曼女士像

# 三月十一日

一个月之前我就动了写日记的心，因为听得“先生”们讲各国大文豪写日记的趣事，我心里就决定来写一本玩玩，可是我不记气候，不写每日身体的动作，我只把我每天的内心感想，不敢向人说的，不能对人讲的，借着一支笔和几张纸来留一点痕迹。不过想了许久老没有实行，一直到昨天摩叫我当信一样的写，将我心里所想的，不要遗漏一字的都写了上去，我才决心如此的做了，等摩回来时再给他当信看。这一下我倒有了生路了，本来我心里的痛苦同愁闷一向逼闷在心里的，有时候真逼得难受，说又没有地方去说；以后可好了，我真感谢你，借你的力量我可以一泄我的冤恨，松一松我的胸襟了。以后我想写甚么就可以写甚么，反正写出来也不碍事，不给别人看就是了。本来人的思想往往会一忽儿就跑去的，想过就完，现在我可要留住它了，不论甚么事想着就写，只要认定一个“真”字，以前的一切我都感觉到假，为甚么一个人先要以假对人呢？大约为的是有许多真的话说出来反要受人的讥笑，招人的批评，所以吓得一般人都迎着假的往前走，结果真纯的思想反让假的给赶走了。我若再不遇着摩，我自问也要变成那样的，自从我认识了你的真，摩，我自己羞愧死了，从此我也要走上“真”的路了。希望你能帮助我，志摩。

昨天摩出国，我本不想去车站送他，可是又不能不去，在人群中又不能流露出十分难受的样子，还只是笑嘻嘻的谈话；恍惚满不在意似的。在许多人的目光之下，又不能容我们单独的讲几句话，这时候我又感觉到假的可恶，为甚么要顾虑这许多，为甚么不能要说甚么就说甚么呢？我几次想离开众人，过去说几句真话，可是说也惭愧，平时的决心和勇气，不知都往那里跑了，只会泪汪汪的看着他，连话都说不出口来。自己急得骂我自己，再不过去说话，车可要开了；那时我却盼望他能过来带我走出众人眼光之下，说几句最后的话，谁知他也是一样的没有勇气。一双泪汪汪的眼睛只对着我发怔，我明知道他要安慰我，要我知道他为甚么才弃我远去，他有许多许多的真话，真的意思，都让社会的假给碰回去了，便只好大家用假话来敷衍。那时他还走过来握我的手，我也只能苦笑着对他说“一路顺风”。我底头不敢向他看，也不敢向别人看，一直到车开，我还看见他站在车头上向我们送手吻（我知道一定是给我一个人的)。我直着眼看，只见他的人影一点一点糊涂起来，我眼前好像有一层东西隔着，慢慢的连人影都不见了，心里也说不出是甚么味儿，好像一点知觉都没有了似的，一直等到耳边有人对我说："不要看了，车走远了，"我才像梦醒似的回头看见人家多在向着我笑，我才很无味的回头就走。走进车子才知道我身旁还有一个人坐着。他冷冷对我说，"为甚么你眼睛红了？哭么？"咳！他明知我心里有说不出的难受，还要假意儿问我，呕我；我知道他乐了，走了我的知己，他还不乐？

回家走进了屋子，四面都露出一种冷清的静，好像连钟都不走了似的，一切都无声无嗅了。我坐到书桌上，看见他给我的信，东西，日记，我拿在手里发怔，也不敢去看，也不想开口，只是呆坐着也不知道自己要做点甚么才好。在这静默空气里我反觉得狠有趣起来，我希望永远不要有人来打断我的静，让我永远这样的静坐下去。

昨天家里在广济寺做佛事，全家都去的，我当然是不能少的了，可是这几天我心里正在说不出的难过，还要我去酬应那些亲友们，叫我怎能忍受？没有法子，得一个机会我一个人躲到后边大院里去清静一下。走进大院看见一片如白昼的月光，照得栏杆，花，木，石桌，样样清清楚楚，静悄悄的一个人都没，可爱极了。那一片的静，真使人能忘却了一切的一切，我那时也不觉得怕了，一个人走过石桥在栏杆上坐着，耳边一阵阵送过别院的经声，钟声，禅声，那一种音调真凄凉极了。我到那个时光，几天要流不敢流的眼泪便像潮水般的涌了出来，我哭了半天也不知是哭的甚么，心里也如同一把乱麻，无从说起。

今天早晨他去天津了。我上了三个钟头的课，先生给我许多功课，我预备好好的做起来。不过这几天从摩走后，这世界好像又换了一个似的，我到东也不见他那可爱的笑容，到西也不听见他那柔美的声音，一天到晚再也没有一个人来安慰我，真觉得做人无味极了，为甚么一切事情都不能遂心适意呢？随处随地都有网包围着似的，使得手脚都伸不开，真苦极了。想起摩来更觉惆怅，现在不知道已经走到甚么地方了，也许已过哈尔滨了吧。昨晚庙里回来就睡下，闭着眼细细回想在庙后大院子里得着的那一忽儿清闲，连回味都是甜的。像我现在过的这种日子，精神上，肉体上，同时的受着说不出的苦，不要说不能得着别人一点安慰与怜惜，就是单要求人家能明白我，了解我，已是不容易的了！

今天足足的忙了一天，早晨做了一篇法文，出去买了画具，饭后陈先生来教了半天，说我一定能进步得快，倒也有趣。晚饭时三伯母等来请我去吃饭，M. L. 也来相约，我都回绝她们了，因为我只想一个人静静的坐坐，况且我还要给摩写信。在灯下不知不觉的就写了九张纸，还是不能尽意，薄薄的几张纸能写得上多少字呢？

临睡时又看了几张摩的日记，不觉又难受了半天。可叹我自小就是心高气傲，想享受别的女人不大容易享受得到的一切，而结果现在反成了一个一切都不如人的人。其实我不羡富贵，也不慕荣华，我只要一个安乐的家庭，如心的伴侣，谁知连这一点要求都不能得到，只落得终日里孤单的，有话都没有人能讲，每天只是强自欢笑的在人群里混。又因为我不愿意叫人家知道我现在是不快乐，不如意，所以我装着是个快乐的人，我明知道这种办法是不长久的，等到一旦力尽心疲，要再装假也没有力气了，人家不是一样会看出来的么？所幸现在已有几个知己朋友们知道我，明白我，最知我者当然是摩！他知道我，他简直能真正的了解我，我也明白他，我也认识他是一个纯洁天真的人，他给我的那一片纯洁的爱，使我不能不还给他一个整个的圆满的永没有给过别人的爱的。

# 三月十四日

昨天忙了一天，起身就叫娘来赶了去，叫我陪她去医院，可是几件事一做，就晚了来不及去了。吃了饭回家写了一封信给摩，下午S来谈话，两人不知不觉说到晚上十一点才走，大家有相见恨晚的感想，痛快得很。

# 三月十七日

可恨昨天才写得有趣的时候，他忽然的回来了。我本想一个人舒舒服服的过几晚清闲的晚上的，借着笔发泄发泄心里的愁闷，谁知又不能如愿。WC 都来过，也无非是大家瞎谈一阵闲话，一无可记的，倒是前天 S. 的几句话，引起我无限的怅惘。我现在正好比在黑夜里的舟行大海，四面空阔无边，前途又是茫茫的不知何日才能达到目的地，也许天空起了云雾，吹起狂风降下雷雨将船打碎沉没海底永无出头之日；也许就能在黑雾中走出个光明的月亮，送给黑沉沉的大海一片雪白的光亮，照出了到达目的地去的方向。所以看起来一切还须命运来帮忙，人的力量是很有限的。S. 说当初他们都不大认识我的，以为不是同她们一类的，现在才知道我，咳，也难怪！我是一个没有学问的狠浅薄的女子，本来我同摩相交自知相去太远，但是看他那样的痴心相向，而又受到了初恋的痛苦，我便怎样也不能再使他失望了。摩，你放心，我永不会叫你失望就是，不管有多少荆棘的路，我一定走向前去找寻我们的幸福，你放心就是！

S. 走后，我倒床就哭，自己也不知道何处来的那许多眼泪，我想也许是这一个礼拜实在过得太慢了，太凄惨了，以后的日子不知怎样才能度过呢？昨天接着摩给娘的信，看得我肝肠寸断了，那片真诚的心意感动了我，不怕连日车上受的劳顿，在深夜里还赶着写信，不是十二分的爱我怎能如此？摩，我真感谢你。在给我的信中虽然没有多讲，可是我都懂得的，爱！你那一个字一个背影我都明白的，我知道你一字一泪，也太费苦心了，其实你多写也不妨。我昨晚得一梦，早知你要来信，所以我早预备好了，不会叫他看见的。我近日常梦见你，摩，梦见你给我许多梅花，又香，又红，又甜，醒来后一切都没有了，可是那时我还闭着眼不敢动，（怕吓走了甜蜜的梦境），来回的想——想起我们在月下清谈的那几天是多有趣呀！现在呢？远在千里外叫亦不听见；要是我们能不受环境的压迫，携手同游欧美，度我们理想的日子，够多美呢！到今天我有些后悔不该不听你的话了。

刚才念信时心里一阵阵的酸，真苦了你了，我的爱，我害你了，使你一个人冷清清的过那孤单旅行的苦，我早知道没有人照顾你是不行的，你看是不是又招凉了？我真不放心，不知道有甚么法子可以使得你自己会当心一点冷暖才好，你要知道你在千里外生病，叫我怎能不急得发晕？

今天是礼拜，我偏有不能辞的应酬，非去不可，但是我的心直想得一个机会来静静的多写几张日记，多写几行信，那有余情来作无谓的应酬？难怪我一晚上闹了几个笑话，现在自己想想都是可乐的，“心无二用”这句话真是透极了，一个人只要心里有了事情，随便作甚么事都要错乱的。

S.说，男女的爱一旦成熟结为夫妇，就会慢慢的变成怨偶的，夫妻间没有真爱可言，倒是朋友的爱较能长久。这话我认为对极了，我觉得我们现在精神上的爱情是不会变的，我也希望我们永远作一个精神上的好朋友，摩，不知你愿否？我现在才知道夫妻间没有真爱情而还须日夜相缠，身体上受的那种苦刑是只能苦在心，不能为外人道的。我今天写得狠舒服，明天恐怕没有机会了，因为早晨须读书，饭后随娘去医院，下午又要到妹妹家去，晚上又是那法国人请客，许多不能不去做的事情又要缠着一正天，真是苦极了。

# 三月十九日

你瞧！一下就连着三天不能亲近我的日记。十六那天本想去妹妹家的，谁知是三太太的生日，又是不能不去，在她家碰见了寄妈，被她取笑得我泪往里滚，摩！我害了你了，我是不怕，好在叫人家说惯了，骂我的人，冤枉我的人也不知有多少，我反正不与人争辩，不过我不愿意连你也为我受骂，咳！我真恨，恨天也不怜我，你我已无缘，又何必使我们相见，且相见而又在这个时候，一无办法的时候？在这情况之下真用得着那句“恨不相逢未嫁时”的诗了。现在叫我进退两难，丢去你不忍心，接受你又办不到，怎不叫人活活的恨死！难道这也是所谓天数吗？

今天是 S. 请吃饭，有 W H. 等几个人的清谈，倒使我精神一畅呢！回家就接着你由哈尔滨寄来的一首诗，咳！真苦了你了。我知道你是那样的凄冷，那样的想念我，而又不能在笔下将一片痴情寄给我，连说话都不能明说，反不如我倒可以将胸中的思念一字一句都寄给你，让你看了舒服，同时我也会感觉着安慰。因此我就想到你不能说的苦，慢慢的肚子一定要涨破的。不过你等着吧，一有办法你就可以尽量的发泄你的爱的，我一定要寻一个通信的地址。今晚我无意中说了一句，这个礼拜为甚么过得这样慢，W. 他们都笑起来，我叫他们笑得脸红耳热，越法的难过了，因为我本来就不好过，叫他们再一取笑，我真要哭出来了；还是 S. 看我可怜救了我的。

# 三月二十二日

昨天才写完一信，T. 来了，谈了半天。他倒是个狠好的朋友，他说他那天在车站看见我的脸吓一跳，苍白得好像死去一般，他知道我那时的心一定难过到极点了。他还说外边谣言极多，有人说我要离婚了，又有人说摩一定是不真爱我，若是真爱决不肯丢我远去的。真可笑，外头人不知道为甚么都跟我有缘似的，无论男女都爱将我当一个谈话的好材料，没有可说也得想法造点出来说，真奇怪了。T. 也说现在是个狠好脱离机会，可是娘呢？咳，我的娘呀！你可害苦了我啦，我一生的幸福恐怕要为你牺牲了！

摩，为你我还是拼命干一下的好，我要往前走，不管前面有几多的荆棘，我一定直着脖子走，非到筋疲力尽我决不回头的。因为你是真正的认识了我，你不但认识我表面，你还认清了我的内心，我本来老是自恨为甚么没有人认识我，为甚么人家全拿我当一个只会玩只会穿的女子；可是我虽恨，我并不怪人家，本来人们只看外表，谁又能真生一双妙眼来看透人的内心呢？受着的评论都是自己去换得来的，在这个黑暗的世界有几个是肯拿真性灵透露出来的？像我自己，还不是一样成天埋没了本性以假对人的么？只有你，摩！第一个人能从一切的假言假笑中看透我的正心，认识我的苦痛，叫我怎能不从此收起以往的假而真正的给你一片真呢！我自从认识了你，我就有改变生活的决心，为你我一定认真的做人了。

因为昨晚一宵苦思，今晨又觉满身酸痛，不过我快乐，我得着了一个全静的夜。本来我就最爱清静的夜，静悄悄只有我一个人，只有滴达的钟声做我的良伴，让我爱做甚么就做甚么，不论坐着，睡着，看书，都是安静的，再无聊时耽着想想，做不到的事情，得不着的快乐，只要能闭着眼像电影似的一幕幕在眼前飞过也是快乐的，至少也能得着片刻的安慰。昨晚我想你，想你现在一定已经看得见西伯利亚的白雪了，不过你眼前虽有不容易看得到的美景，可是你身旁没有了陪伴你的我，你一定也同我现在一般的感觉着寂寞，一般心内叫着痛苦的吧！我从前常听人言生离死别是人生最难忍受的事情，我老是笑着说人痴情，谁知今天轮到了我身上，才知道人家的话不是虚的，全是从痛苦中得来的实言，我今天才身受着这种说不出叫不明的痛苦，生离已经够受的了，死别的味儿想必更不堪设想吧。

回家去陪娘去看病，在车中我又探了探她的口气，我说照这样的日子再往下过，我怕我的身体上要担受不起了。她倒反说我自寻烦恼，自找痛苦，好好的日子不过，一天到晚只是去模仿外国小说上的行为，讲爱情，说甚么精神上痛苦不痛苦，那些无味的话有甚么道理。本来她在四十多年前就生出来了，我才生了廿多年，廿年内的变化与进步是不可计算的，我们的思想当然不能符合了。她们看来夫荣子贵是女子的莫大幸福，个人的喜，乐，哀，怒是不成问题的，所以也难怪她不能明了我的苦楚。本来人在幼年时灌进脑子里的知识与教育是永不会迁移的，何况是这种封建思想与礼教观念更不容易使他忘记。所以从前多少女子，为了怕人骂，怕人背后批评，甘愿自己牺牲自己的快乐与身体，怨死闺中，要不然就是终身得了不死不活的病，呻吟到死。这一类的可怜女子，我敢说十个里面有九个是自己明知故犯的，她们可怜，至死还不明白是甚么害了她们。摩！我今天狠运气能够遇着你，在我不认识你以前，我的思想，我的观念，也同她们一样，我也是一样的没有勇气，一样的预备就此糊里糊涂的一天天往下过，不问甚么快乐甚么痛苦，就此埋没了本性过它一辈子完事的；自从见着你，我才像乌云里见了青天，我才知道自埋自身是不应该的，做人为甚么不轰轰烈烈的做一番呢？我愿意从此跟你往高处飞，往明处走，永远再不自暴自弃了。

# 三月二十八日

一连又是几天不能亲近你了，摩！这日子真有点过不下去了，一天到晚只是忙些无味的酬应，你的信息又听不到，你的信也不来，算来你上工了也有十几天了，也该有信来了，为甚天天拿进来的信我老也见不着你的呢？难道说你真的预备从此不来信了么？也许朋友们的劝慰是有理的。你应该离开我去海外洗一洗脑子，也许可以洗去我这污浊的黑影，使你永远忘记你曾经认识过我。我的投进你的生命中也许是于你不利，也许竟可破坏你的终身的幸福的，我自己也明白，也看得狠清，而且我们的爱是不能让社会明了，是不能叫人们原谅的。所以我不该盼你有信来，临行时你我不是约好不通信，不来往，大家试一试能不能彼此相忘的么？在嘴里说的时候，我的心里早就起了反对，（不知你心里如何？）口内不管怎样的硬，心里照样还是软绵绵的；那一忽儿的口边硬在半小时内早就跑远了，因此不等到家我就变了主意，我信你也许同我一样，不过今天不知怎样有点信不过你了，难道现在你真想实行那句话了么？难道你才离开我就变了方向了么？你若能真的从此不理我倒又是一件事了。本来我昨天就想退出了，大概你在第三封信内可以看见我的意思了，你还是去走那比较容易一点的旧路吧，那一条路你本来已经开辟得快成形了，为甚么又半路中断去呢？前面又不是绝对没有希望，你不妨再去走走看，也许可以得到圆满的结果，我这边还是满地的荆棘，就是我二人合力的工作也不知几时才可以达到目的地呢？其中的情形还要你自己再三想想才好。我很愿意你能得着你最初的恋爱，我愿意你快乐，因为你的快乐就和我的一样。我的爱你，并不一定要你回答我，只要你能得到安慰，我心就安慰了，我还是能照样的爱你，并不一定要你知道的。是的；摩！我心里乱极了，这时候我眼里已经没有了我自己，我心里只有你的影子，你的身体，我不要想自身的安全，我只想你能因为爱我而得到一些安慰，那我看着也是乐的。

# 三月二十九日

前天写得好好的，他又回来了。本来这几天因为他在天津所以我才得过着几天清闲的日子，在家里一个人坐着看看书，写写字，再不然想你时就同你笔上谈谈，虽然只是我一个人自写自意，得不着一点回音，可是我觉得反比同一个不懂的人谈话有趣得多。现在完了，我再也不能得到安慰了。所以昨天我就出去了一正天，吃饭，看戏，反正只要有一个去处，便能将青天快快的变成黑天。怪的倒是你为甚么还没有信来？你没有信来我就更坐立不安了；我的心每天只是无理由的跳，好好的跟人家说着话的时候我也会一阵阵的脸红心跳，自己也不知道是为了甚么，这样下去，我怕要得心脏病了。

# 四月十二日

好，这一下有十几天没有亲近你了，吾爱，现在我又可以痛痛快快的来写了。前些日因为接不着你的信，他又在家，我心里又烦，就又忘了你的话，每天只是在热闹场中去消磨时候，不是东家打牌就是出外跳舞，有时精神萎顿下来也不管，摇一摇头再往前走，心里恨不得从此消灭自身，眼前又一阵阵的糊涂起来，你的话，你的劝告也又在耳边打转身了。有时娘看得我有些出了神似的就逼着我去看医生，碰着那位克利老先生又说得我的病非常的沉重，心脏同神经都有了十分的病。因此父母为我又是日夜不安，尤其是伯伯每天跟着我像念经似的劝，叫我不能再如此自暴自弃，看了老年人着急的情形，我便只能答应吃药，可笑！药能治我的病么？再多吃一点也是没有用的，心里的病医得好么？一边吃药，一边还是照样的往外跑，结果身体还是敌不过，没有几天就真正病倒在床上了。这一来也就不得不安静下来，药也不能不吃了。还好，在这个时候我得着了你的安慰，你一连就来了四封信，他又出了远门，这两样就医好了我一半的病，这时候我不病也要求病了；因为借了病的名字我好一个人静静的睡在床上看信呀！摩！你的信看得我不知道蒙了被哭了几次，你写得太好了，太感动我了，今天我才知道世界上的男人并不都是像我所想像那样的，世界上还有像你这样纯粹的人呢，你为甚么会这样的不同的呢？

摩！我现在又后悔叫你走了，我为甚么那样的没有勇气，为甚么要顾着别人的闲话而叫你去一个人在冰天雪地里过那孤单的旅行生活呢？这只能怪我自己太没有勇气，现在我恨不能丢去一切飞到你的身伴来陪你。我知道你的苦，摩，眼前再有美景也不会享受的了。咳！我的心简直痛得连话都说不出来了，这样的日子等不到你回来就要完的。这几天接不着你的信已经够害得我病倒，所以只盼你来信可以稍得安心，谁知来了信却又更加上几倍的难受。这一忽儿百支笔也写不出我心头的乱，甚么味儿自己也说不出，只觉得心往上钻，好像要从喉管里跳出来似的，床上再也睡不住了，不管满身热得多利害，我也再按止不住了，在这深夜里再不借笔来自己安慰自己，我简直要发疯了。摩你再不要告诉我你受了寒的话吧：你不病已经够我牵挂的了，你若是再一病那我是死定了。我早知道你是不会自己管自己的，所以临行时我是怎样叮咛你的，叫你千万多穿衣服，不要在车上和衣睡着，你看，走了不久就着冷了。你不知道过西伯利亚时候够多冷，虽然车里有热气，你只要想薄薄的一层玻璃那能挡得住成年不见化的厚雪的寒气。你为甚么又坐着睡着呢？这不是活活急死我么？受了一点寒还算运气，若是变了大病怎么办？我又不能飞去，所以只能你自己保重啊。

你也不要怨了，一切一切都是命，我现在看得明白极了，强求是无用，还是忍着气，耐着心等命运的安排吧。也许有那么一天等天老爷一看见了我们在人间挣扎的苦况，哀怜的叫声，也许能叫动他的怜恤心给我们相当的安慰，到那时我们才可以吐一口气了！现在纵然是苦死也是没有用的，有谁来同情你？有那一个能怜恤你？还不如自认了吧。人要强命争气是没有用的，只要看我们现在一隔就是几千里，谁叫谁都叫不着，想也是妄然，一个在海外惆怅，一个在闺中呻吟，你看！这不是命运么？这难道不是老天的安排？这不是他在冥冥中使开他那蒲扇般的大手硬生生的撕开我们么？柔弱的我们，那能有半点的倔强？不管心里有多少的冤屈，事实是会有力量使得你服服贴贴的违背着自己的心来做的。这次你问心是否愿意离着我远走的？我知道不是！谁都能知道你是勉强的，不过你看，你不是分明去了么？我为甚么不留你？为甚会甘心的让你听了人家的话而走呢？为甚么我们二人没有决心来挽回一切？我心里分明口口声声的叫你不要走，可是你还不是照样的走了！你明白不？天意如此，就是你有多大的力量也挽回不转的。所以我一到愁闷得无法自解的时候，就只好拿这个理由来自骗了。

现在我一个人静悄悄的独坐在书桌前，耳边只听见街上一声两声的打更声，院子里静得连风吹树叶的声音都没有，甚么都睡了，为甚么我放着软绵绵的床不去睡，别人都一个个正浓浓的做着不同的梦，我一个人倒肯冷清清的呆坐着呢？为谁？怨谁？摩，只怕只有你明白吧！我现在一切怨，恨，哀，痛，都不放在心里，我只是放心不下你，我闭着眼好像看见你一个人和衣耽在车箱里，手里拿了一本书，可是我敢说你是一句也没有看进去，绉着眉闭着眼的苦想，车声风声大的也分不出你我，窗外是黑得一样也看不出，车里虽有暗暗的一支小灯，可也照不出甚么来。在这样惨淡的情形下，叫你一个人去受，叫我那能不想着就要发疯？摩！我害了你，事到如今我也明知没有办法的了，只好劝你忍着些吧；你快不要独自惆怅，你快不要让眼前风光飞过，你还是安心多做点诗多写点文章吧，想我是勉不了的。我也知道，在我们现在所处的地位，彼此想要强制着不想是不可能的，我自己这些日子何尝不是想得你神魂颠倒。虽然每天有意去寻事做，想减去想你的成份，结果反做些遭人取笑的举动使人家更容易看得出我的心有别思，只要将我比你，我就知道你现在的情形是怎样了。别的话也不用说了，摩，忍着吧！我们现在是众人的俘虏了，快别乱动，一动就要招人家说笑的，反正我这一面由我尽力来谋自由，一等机会来了我自会跳出来，只要你耐心等着不要有二心。

我今天提笔的时候是满心云雾，包围得我连光亮都不见了，现在写到这里，眼前倒像又有了希望，心底里的彩霞比我台前的灯光还亮，满屋子也好像充满了热气使人遍体舒适。摩！快不用惆怅，不必悲伤，我们还不至于无望呢！等着吧！我现在要去寻梦了，我知道梦里也许更能寻着暂时的安慰，在梦里你一定没有去海外，还在我身边低声的叮咛，在颊旁细语温存。是的，人生本来是梦，在这个梦里我既然见不着你，我又为甚么不到那一个梦里去寻你呢？这一个梦里做事都有些碍手阻脚的，说话的人太多了，到了那一个梦里我相信我你一定能自由做我们所要做的事，决没有旁人来诲谤，再没有父母来干涉了！摩，要是我们能在那一个梦里寻得着我们的乐土，真能够做我们理想的伴侣，永远的不分离，不也是一样的么？我们何不就永远住在那里呢？咳！不要把这种废话再说下去了，天不等我，已经快亮了，要是有人看见我这样的呆坐着写到天明，不又要被人大惊小怪吗？不写了，说了许多废话有甚么用处呢？你还是你，还是远在天边，我还是我，一个人坐在房里，我看还是早早的去睡吧！

# 四月十五日

病一好就成天往外跑，也不知那儿来的许多事情，躲也躲不远，藏也没有地方藏，每天像囚犯似的被人监视着，非去不可，也不管你心里是甚么味儿。更加一个娘，到处都要我陪着去；做女儿的这一点责任又好像无可再避，只得成天拿一个身体去酬应她们，不过心里的难过是没有人可以知道的了。害得我一连几天不能来亲近你，我的爱，这种日子也真亏我受得了！今天又和母亲大闹，我就问她“一个人做人还是自己做呢还是为着别人做的?”我觉得一个人只要自己对得住自己就成了，管别人的话是管不了许多的。这许多人你顺了这个做，那个也许不满意，听了那一个的话又违背了这一个，结果是永远不会全满意的。为了要博取人家一句赞美的话而牺牲了自己的幸福，我看这种人多得很呢；我不愿再去把自己牺牲了，我还是管了我自己的好，摩，你说对么?

真的，今天还有一件事使我难受到极点：今天我同娘争论了半天，她就说“我忘了告诉你一件事，你先慢慢的走我还有话呢，”说着她就从床前抽屉里拿出一封信往我面前一掷，我一看，原来是你的笔迹。我倒呆了半天，不知你写的甚么，心里不由得就跳荡起来了，我拿着一口气往下看，看得我眼里的泪珠遮住了我的视线，一个字一个字都像被浓雾裹着似的，再也看不下去了。

摩！我的爱，你用心太苦了，你为我太想得周密了，你那一片清脆得像稚儿的真诚的呼唤声，打动了我这污浊的心胸，使我立刻觉得我自身的庸俗。你的信中那一句话不是从心底里回转几遍才说出来的，那一字不是隐念着我的？你为我，咳！你为我太苦了，摩！你以为你婉转劝导一定能打动她的心，多少给我们一条路走走，那知道你明珠似的话好似跌入了没底的深海，一点光辉都不让你发，你可怜的求告又何尝打得动她像滑石一般硬的心呢！一切不是都白费了么？到这种情况之下你叫我不想死还去想甚么呢？不死也要疯了，我再不能挣扎下去了，我想非去西山静两天不可了。只能暂时放下了你再讲，我也不管他们许不许，站起来就走，好在这不是跟人跑，同去的都是长辈亲友，他们再也说不出别样新鲜话了。只是一件，你要有几天接不到我的信呢。

# 四月十八日

那天写着写着他就回来了，一连几天乱得一点空闲也没有，本想跑到西山养病，谁知又改了期，下星期一定去得成了。事情是一天比一天复杂，他又有到上海去做事的消息，这次来进行的，若是事情办成，我又不知道要发配到何处呢？摩！看起来我们是凶多吉少。怎办？我的身体又成天叫他们缠着，每次接着你的信，虽然片刻的安慰是有的，不过看着你一个人在那里呻吟痛苦，更使我心碎。我以前见着人家写心碎这两个字，我老以为是说得过分；一个人心若是碎了人不是也要死了么？谁知道天下的成句是无有不从经验中得来的，我现在真的会觉着心碎了。一到心里沉闷得无法解说时，我就会感得心内一阵阵的痛，痛得好似心在那儿一块一块撕下来，还同时觉得往下坠，那一种味儿我敢说世界上没有几个人能享受得到，摩！我也可算得不冤枉了，甚么味儿我都尝着过了，所谓人生，我也明白了。要是没有你，我真可以死了。

这两天我连娘的面都不敢见了，暂且躲过两天再说，我只想写信叫你回来，写了几次都没有勇气寄！其实你走了也不过一个多月，可是好像有几年似的，而且心里老有一种感想，好像今生再见不着你了。这是一种坏现象，我知道。我心里总是一阵阵的怕，怕甚么我也不知道，只觉着我身边自从没有了你就好似没有了灵魂一样。我只怕没有了你的鞭督，我要随着环境往下流，没有自拔的勇气，又怕懦弱的我容易受人家的支配，眼前一切都乱得像一蓬乱发无从理起，就是我的心也乱得坐卧不宁，我知道一定又要有不幸的事情发生了，他又成天的在家，我简直连写日记的功夫都没有了。

# 四月廿日

昨天在酒筵前听到说你的小儿子死了。听了吓一跳，不幸的事为甚么老接连着缠扰到我们身上来？为甚么别人的消息到比我快，你因何信中一字不提！不知你们见着最后的一面没有？我知道你很喜欢这个小的孩子，这一下又要害你难受几天。但愿你自己保重，摩！我这几日大不好，写信也不敢告诉你，怕你为我担忧，看起来我的身体要支撑不住了，每天只是无故的一阵阵心跳，自你走后我常无端的就耳热心跳。起头我还以为是想着你才有这现像，现在不好了，每天要来几回了。恐怕大病就在这眼前了，若是不立刻离开这环境简直一两天内就要倒下来了。

# 四月二十四日

现在我要暂时与你告别，我的爱！我决定去大觉寺休养两礼拜了，在那儿一定没有机会写的，虽然我是不忍片刻离开你的，可是要是不走又要生出事来了，只好等你回来再细细的讲给你听吧！现在我拿你暂时锁起来！爱！让你独自闷在一方小屋子里受些孤单！好不？你知道！要是不将你锁起，一定有贼来偷你！一定要有人来偷看你！我怕你给别人看了去，又怕偷了去，只好请你受点闷气了，不要怨我，恨我！

# 五月十一日

这一回去得真不冤，说不尽的好，等我一件件的来告诉你。我们这几天虽然没有亲近，可是没有一天我不想你的，在山中每天晚上想写，只可恨没有将你带去，其实带去也不妨，她们都是老早上了床，只有我一个睡不着呆坐着，若是带了你去不是我可以照样每天亲近你吗？我的日记呀，今天我拿起你来心里不知有多少欢喜，恨不能将我要说的话像机器似的倒出来，急得我反不知从那里说起了。

那天我们一群人到了西山脚下改坐轿子上大觉寺，一连十几个轿子一条蛇似的游着上去，山路很难走，坐在轿上滚来滚去像坐在海船上遇着大风一样的摇摆，我是平身第一次坐，差一点拿我滚了出来。走了三里多路快到寺前，只见一片片的白山，白得好像才下过雪一般，山石树木一样都看不清，从山脚一直到山顶满都是白，我心里奇怪极了。这分明是暖和的春天，身上还穿着夹衣，微风一阵阵吹着入夏的暖气，为甚么眼前会有雪山涌出呢？打不破这个疑团我只得回头问那抬轿的轿夫，“唅！你们这儿山上的雪，怎么到现在还不化呢？”那轿夫跑得面头流着汗，听了我的话他们也好像奇怪似的一面擦汗一面问我“大姑娘，您说甚么？今年的冬天比那年都热，山上压根儿就没有下过雪，您那儿瞧见有雪呀？”他们一边说着便四下里去乱寻，脸上都现出了惊奇的样子。那时我真急了，不由的就叫著说“你们看那边满山雪白的不是雪是甚么？”我话还没有说完，他们倒都狂笑起来了。“真是城里姑娘不出门！连杏花儿都不认识，倒说是雪，您想五六月里那儿来的雪呢？”甚么？杏花儿！我简直叫他们给笑呆了。顾不得他们笑，我只乐得恨不能跳出轿子一口气跑上山去看一个明白。天下真有这种奇景么？乐极了也忘记我的身子是坐在轿子里呢，伸长脖子直往前看，急得抬轿的人叫起来了，“姑娘，快不要动呀，轿子要翻了，”一连几恍，几乎把我抛入小涧去。这一下才吓回了我的魂，只好老老实实的坐着再也不敢乱动了。

上山也没有路，大家只是一脚脚的从这块石头跳到那一块石头上，不要说轿夫不敢斜一斜眼睛，就是我们坐的人都连气都不敢喘，两支手使劲拉著轿杠儿，两个眼死盯着轿夫的两支脚，只怕他们一失脚滑下山涧去。

那时候大家只顾着自己性命的出入，眼前不易得的美景连斜都不去斜一眼了。

走过一个石山顶才到了平地，一条又小又湾的路带着我们走进大觉寺的山脚下。两旁全是杏树林，一直到山顶，除了一条羊肠小路只容得一个人行走以外，简直满都是树。这时候正是五月里杏花盛开的时候，所以远看去简直像是一座雪山，走近来才看出一朵朵的花，坠得树枝都看不出了。

我们在树荫里慢慢的往上走，鼻子里微风吹来阵阵的花香，别有一种说不出的甜味。摩，我再也想不到人间还有这样美的地方，恐怕神仙住的地方也不过如此了。我那时乐得连路都不会走了，左一转右一转；四围不见别的，只是花。回头看见跟在后面的人，慢慢在那儿往上走，好像都在梦里似的，我自己也觉得我已经不是一个人了。这样的所在简直不配我们这样的浊物来，你看那一片雪白的花，白得一尘不染，那有半点人间的污气？我一口气跑上了山顶，站上了一块最高的石峰，定一定神往下一看，呀，摩！你知道我看见了甚么？咳，只恨我这支笔没有力量来描写那时我眼底所见的奇景！真美！从上往下斜着下去只看见一片白，对面山坡上照过来的斜阳，更使它无限的鲜丽，那时我恨不能将我的全身滚下去，到花间去打一个滚，可是又恐怕我压坏了粉嫩的花瓣儿。在山脚下又看见一片碧绿的草，几间茅屋，三两声狗吠声，一个田家的景象，满都现在我的眼前，荡漾着无限的温柔。这一忽儿我忘记了自己，丢掉了一切的烦恼，喘着一口大气，拼命的想将那鲜甜味儿吸进我的身体，洗去我五脏内的浊气，从新变一个人，我愿意丢弃一切，永远躲在这个地方，不要再去尘世间见人。真是，摩，那时我连你都忘了，一个人呆在那儿不是他们叫我我还不醒呢！

一天的劳乏，到了晚上，大家都睡得正浓，我因为想着你不能安睡，窗外的明月又在纱窗上映着逗我，便一个就走到了院子里去，只见一片白色，照得梧桐树的叶子在地下来回的飘动。这时候我也不怕朝露里受寒，也不管夜风吹得身上发抖，一直跑出了庙门，一群小雀儿让我吓得一起就向林子里飞，我睁开眼睛一看，原来庙前就是一大片杏树林子。这时候我鼻子里闻着一阵芳香，不像玫瑰，不像白兰，只薰得我好像酒醉一般。慢慢的我不觉耽了下来，一条腿软得站都站不住了。晕沉沉的耳边送过来清呖呖的夜莺声，好似唱着歌，在嘲笑我孤单的形影；醉人的花香，轻含着鲜洁的清气，又阵阵的送进我的鼻管。忽隐忽现的月华，在云隙里探出头来从雪白的花瓣里偷看着我，也好像笑我为甚么不带着爱人来。这恼人的春色，更引起我想你的真挚，逗得我阵阵心酸，不由得就睡在蔓草上闭着眼轻轻的叫着你的名字（你听见没有?）。我似梦非梦的睡了也不知有多久，心里只是想着你——忽然好像听得你那活泼的笑声，像珠子似的在我耳边滚“曼，我来，”又觉得你那伟大的手，紧握着我的手往嘴边送，又好像你那顽皮的笑脸，偷偷的偎到我的颊边抢了一个吻去。这一下我吓得连气都不敢喘，难道你真回来了么？急急的睁眼一看，那有你半点影子？身旁一无所有，再低头一看，原来才发见我自己的右手不知道在甚么时候握住了我的左手，身上多了几朵落花，花瓣儿飘在我的颊边好似你来偷吻似的。真可笑！迷梦的幻影竟当了真！自己便不觉无味得狠，站起来，只好把花枝儿泄气，用力一拉，花瓣儿纷纷落地，打得我一身；林内的宿鸟以为起了狂风，一声叫就往四外里乱飞。一个美丽的宁静的月夜叫我一阵无味的恼怒给破坏了。我心里也再不要看眼前的美景，一边走一边想着你，为甚么不留下你，为甚么让你走。

## 六月十四日

回来了不过三天，气倒又受了一肚子。你的信我都见着了，不要说你过的是甚么日子，我又何尝是过的人的日子？两个人在两地受罪，为的是甚么？想起来真恼人，这次山中去了几天，再受着无限的伤感，在城里每天沉醉在游戏场中，戏园里，同跳舞场里，倒还能暂时忘记自己，随着歌声舞影去附和；这次在清静的山中让自然的情景一薰，反激起我心头的悲恨，更引动我念你的深切。我知道你也是一般的痛苦，我想信你一个人也是独乐不了，这何苦，摩！你还是回来吧。

事情看起来又要变化了，这几天他又走了，听说这次上海事情若是成功，就要将家搬去，我现在只是每天在祝祷着不要如了他们的愿，不知道天能可怜我们不？在山中我探了一探亲友们的口气，还好！她们大半都同情于我的，却叫我做事情不要顾前顾后，要做就做，前后一顾倒将胆子给吓小了，这话是不错的，不过别人只会说，要是犯到自己身上，也是一样的没有主意。现在我倒不想别的，只想躲开这城市。

这一番山中的生活更打动了我的心，摩！我想到万不得已时我们还是躲到山里去吧！我这次看见好几处美丽的庄园，都是化二三千块钱买一座杏花山，满都是杏花，每年结的杏子，卖到城里就可以度日，山脚下造几间平屋，竹篱柴门，再种下几样四季吃的素菜，每天在阳光里栽栽花种种草，再不然养几个鸟玩玩，这样的日子比做仙人都美。

这次我们坐着轿出去玩的时候，走过好几处这样的人家，有的还请我吃饭呢，他们也不完全是乡下人，虽然他们不肯告诉我们名姓，我们也看得出是那些隐居的人；若是将他们的背景一看，也难说不是跟我们一样的。我真羡慕他们，我眼看他们诚实的笑脸，同那些不欺人的言语，使我更感觉到自己的渺小。摩！我看世间纯洁的心，只有山中还有一两棵？

我知道局面又要有转变，但不知转出怎样的面目来。为了心神的不安定，我更是坐立不安，不知道做甚么才好，要想打电报去叫你回来，却又不敢，不叫又没有主意。摩！这日子真不如死去！我也曾同朋友们商量过，他们劝我要做就不可失去这个机会，不如痛痛快快的告诉了他们，求他们的同意，等他们不答应时，我们再想对付的办法；若是再低头跟他们走，那就再没有出头日子了。摩！这时候我真没有主意了，这个问题一天到晚的在我脑中转，也决不定一个办法。你又不在，一封信来回就要几十天；不要说几十天，就是几天都说不定出甚么变化呢！睡也睡不着；白天又要去应酬，所以精神觉得乏极，你看吧！大病快来了。

# 六月十九日

这几日无日不是浸在愁云中，看情形是一天不对一天了，我们家里除了爸爸之外，其余都是喜气冲冲，尤其是娘，脸上都饰了金，成天的笑。

看起来我以后的日子是没有法子过的了，在这个圈子里是没有我的位置的，就是有也坐不住的。摩！你还不回来，我怕你没有机会再见我了，我的心脏都要裂了，我实在没有法子自己安慰自己，也没有勇气去同她们争言语的短长了。今天和他大闹了一回，回进房里倒在床上就哭，摩！我为甚么要受人的奚落！叫人家看着倒像我做了愧心事似的！这种日子我再也忍受不下了。

# 六月廿一日

好！这一下快一个月没有写了。昨天才回来的，摩，你一定也急死了，这许久没有接着我的信。自从同他闹过我就气病了，一件不如意，件件不如意，不然还许不至于病倒，实在是可气的事太多了，心里收藏不下便只好爆发。那天闹过的第三天又为了人家无缘无故的把意外的事情闹到我头上来，我当场就在饭店里病倒，晕迷得人事不知，也不知甚么时候他们把我抬了回来，等我张开眼，已经睡在自己床上了。我只觉得心跳得好像要跑出喉管，身体又热得好像浸在火里一般，眼前只看见许多人围在床边叫我不要急，已经去请医生了。到三点多钟 B 才将医生打仗似的从床上拉了起来，立刻就打了两针，吃了一点药。这个老外国克利医生本是最喜欢我的，见我病了他更是尽心的看；坐在床边拉着我的手数脉跳的数目，屋子里的人却是满面愁容连大气都不敢出，我看大家的样子，也明白我病的不轻。等了二十几分钟我心跳还不停，气更喘得透不过来，话也一句说不出，只看见W，B同医生轻轻的走出外边唧唧的细语，也不知道说些甚么。一忽儿W轻轻的走到床边在我耳旁细声的说，“要不要打电报叫摩回来?”我虽然神志有些昏迷，可是这句话我听得分外清楚的。我知道病一定是十分凶险，心里倒也慌起来了，“是不是我要死了?”他看我发急的样子，又怕我害怕，立刻和缓着脸笑迷迷的说“不是，病是不要紧，我怕你想他所以问你一声。”我心里虽是十二分愿意你立刻飞回我的身旁，可是懦弱的我又不敢直接的说出口来，只好含着一包热泪对他轻轻的摇了一摇头。

医生看我心跳不停也只好等到天亮将我送进医院，打血管针，照X光，用了种种法子才将我心跳止住。这一下就连着跳了一日一夜，跳得我睡在床上软得连手都抬不起来；到了第三天我才知道W已经瞒着我同你打了电报，不见你的回电，我还不知道呢！

自从接着你的电报我就急得要命，自己又没有力气写信，看你又急得那样子，又怕你不顾一切的跑了回来；只好求W给你去信将病情骗过，安了你的心再说。头几天我只是心里害怕，他们又不肯对我实说，我只怕就此见不着你，想叫你回来，一算日子又怕等你到，我病已经好了，反叫人笑话。到第四天，医生坐在床上同我说许多安慰的话，他说，你若是再胡思乱想不将心放开，心跳不能停，再接连的跳一日一夜就要没有命了；医生再有天大的能力也挽不回来了。天下的事全凭人力去谋的，你若先失却了性命，你就自己先失败。听了他这一遍话我才真正的丢开一切，甚么也不想；只是静静的休养，一个人住了一间狠清静的病房，白天有 W 同 B 等来陪我说笑，晚上睡得狠早，一个星期后才见往好里走。

在院里除了想你外，别的都狠好；这次病中多亏 W 同 B 的好意，你回来必须好好的谢谢他们呢！这时候我又回到了自己家里。他是早就在我病的第二天动身赴沪了，官要紧，我的病是本来无所谓的。走了倒好，使我一心一意的静养，总算过着二十天清闲日子，不过一个人静悄悄的睡在床上更是想你不完。你的信虽然给我不少安慰，可也更加我的惆怅。现在出了院问题就来了，今天还是初次动笔，不能多写，明后天才说吧。

# 六月二十六日

今天又接着你的电报！真是要命的！我知道你从此不会安心的了，其实你也不必多忧，我已经好多了，回家后只跳了五天，时间并不常，不久一定要复原的。真急死我了，路又远，信的来回又日子长；打电报又贵，你叫我怎样安慰你呢？看着你干着急我心里也是难过，想要叫你回来又怕人笑，虽然半年的期限已经过了一半，以后的三个月恐怕更要比以前的难过。目前我是一切都拿病来推，娘那里也不敢多去，更不敢多讲，见面只是说我身体上种种的病，所以她们还没有开口叫我南去呢，这暂时的躲避是没有用的；我自己也很平白，不过想来想去也想不出个良善的法子来对付，真是过了一天算一天，你我的前程真不知是怎样一个了局呢？

# 六月二十八日

因为没有力气所以耽在床上看完一本《The Painted Veil》看得我心酸到万分；虽然我知道我也许不会像书里的女人那样惨的。书中的主角是为了爱，从千辛万苦中奋斗，才达到了目的；可是欢聚了没有多少日子男的就死了，留下她孤单单的跟着老父苦度残年。摩！你想人间真有那样残忍的事么？我不知道为甚么要为故人担忧，平空哭了半天，哭得我至今心里还是一阵阵的隐隐作痛呢！想起你更叫我发抖，但愿不幸的事不要寻到我们头上来。只可恨将来的将来，不能让我预先知道，你我若是有不幸的事临头，还不如现在大家一死了事的好。

我正在伤心的时候又接到你三封信，看了使我哭笑不能。摩，我知道你是没有一分钟不在那儿需要我，我也知道你随时随地的在那儿叫着我的名字，爱！你知道我的身体虽然远在此地，我的灵魂还不是成天环绕在你的身旁；你一举一动我虽不能亲眼看见，可是我的内心甚么都感觉得到的。

今天在外边吃饭！同桌的人无意（也许是有意）说了一句话，使我好像一下从十八层楼上跌了下来。原来他有一个朋友新从巴黎回来，看见你成天在那里跳舞，并且还有一个胖女人同住。不管是真是假，在我听得的时候怎能不吃惊！况且在座的朋友们，都是知道你我交情狠深，说着话的时候当然都对发我笑，好像笑我为甚么不识人！那时我虽然装着快乐的样子，混在里面有说有笑，其实我心里的痛苦真好比刀刺还利害；恨不能立刻飞去看看真假。虽然我敢相信你不会那样做，不过人家也是亲眼看见的，这种话岂能随便乱说呢？这一下真叫我冷了半截，我还希望甚么？我还等甚么？我还有甚么出头的日子？你看你写的那一封封的信，不是满含至诚的爱？那一封不是千斛的想思？那一字，那一语不感动得我热泪直流，百般的愧恨？现在我才明白一切都是幻影，一切都是假的。咳，我不要说了，我不忍说了，我心已碎，万事完了，完了，一切完了。

# 七月十六日

为了一时的气愤平空丢了好些日子，也无心于此了。其实今天回过来一想，你一定不会如此的；虽然心里恨你，可是没有用，照样日夜的想你。前天实在忍受不住了，打了一个电报叫你回来，发出了电报又后悔，反正心里左也不是右也不是，白日虽跟着他们游玩，一到夜静，甚么都又回到脑子里来了。

今天我的动笔是与你告别了，摩！你知道事情出了大变化——这变化本来是在我预料中的，我也早知道要这样结果的，我自问我的力量是太薄弱，没有勇气，所以只好希望你回来帮助我，或许能挽回一切。你知道，前天我还没有起床就叫家里来的人拉了回去；进门就看见一家人团团围坐在一个屋子里，好像议论甚么国家大事似的；有的还正拿着一封信来回的看，有的聚在一起细声的谈论。看了这样严重的情形，倒吓我一跳，以为又是你来了甚么信，使得他们大家纷纷议论呢。见我进去，娘就在母舅手里抢过信来掷在我身上一边还说，“你自己去看吧！倒是怎么办？快决定！”我拿起来一看才知道是他来的信。一封爱的美敦书，下令叫娘即刻送我到南方去，这次再不肯去就永远不要我去了。口吻非常严厉，好像长官给下属的命令一般，好大的口气。我一边看一边心里打算怎样对付；虽然我四面都像是满布着埋伏，不容我有丝毫的反响，可是我心里始终不愿意就此屈服，所以我看完了信便冷冷的说“我道甚么大事！原来是这一点小事！这有甚么为难之处呢？我愿意去就去，我不愿去难道能抢我去么？”娘听了这话立刻变了脸说“那有这样容易，嫁鸡随鸡嫁狗随狗，这是古话；不去算甚么？”我那时也无心同她们争论，我只是心里算着你回来的日子，要是你接着电报就走，再有廿天也可以到了，无论如何这几天的功夫总可以设法迟延的，只是眼前先要拖得下才成。所以当时我决定不闹，老是敷衍他们，谁知她们更比我聪明，我心里的意思他们好似看得见一般，简直得连这一点都不允许你；非逼着我答应在这一个星期中动身不可，这一来可真恼恨了我，连气带急，将我的老毛病给请了回来。当时心跳得就晕了过去，到灵魂儿转回来时，一屋子的人都已静悄悄的不敢再争着讲话了。我回到家中，甚么都不想要了，我觉得眼前一切都完了，希望也没有了，我这里又是处于这种环境之下，你那里，要是别人带来的消息是真的话，我不是更没有所望了么？看起来我是一定要叫她们逼走的，也许连最后的一面都要见不着你，我还求甚么？不过我明天还要去同她们做一个最后的争论，就是要我走，也非容我见着你永诀了再走不可。咳，摩，这时候你能飞来多好！你叫我一个人怎办？说又没有地方去说，只有W还能相商，不过他又是主张决裂的，强霸的。我又有点不敢。天呀！你难道不能给我一点办法么？我难道连这点幸福都不能享得么？

# 七月十七日

昨晚苦思一宵，今晨决定去争闹，无论甚么来都不怕，非达到目的不可，谁知道结果还是一样，现在又只剩我一个人大败而回。这一回是真绝望定了，我的力量也穷了。

我走去的时候是勇气百倍，预备拿性命来碰的，所以进内就对他们说，要是他们一定要逼我去的话，我立刻就死，反正去也是死，不过也许可以慢点；那何不痛快点现在就死了呢？这话她们听了一点也不怕，也不屈服，他们反说“好的，要死大家一同死！”好，这一下倒使我无以下台。真死，更没有见你的机会，不死就要受罪，不过我心里是痛苦到万分，既然讲不明白我就站起来想走了。她们见我真下了决心倒又叫了我回去；改用软的法子来骗我，种种的解说，结果是二老对我双泪俱流的苦苦哀求。咳！可怜的她们！在她们眼光下离婚是家庭中最羞惭的事，儿女做了这种事，父母就没有脸见人了，母亲说只要我允许再给他一个机会，要是这次前去他再待我不好，再无理取闹，自有她们出面与我离，决不食言，不过这次无论如何再听她们一次。直说得太阳落了山，眼泪湿了几条手帕，我才真叫她们给软化了。父母倒底是生养我的，又是上了年纪；生了我这样的女儿已经不能随他们心，不能顺他们的志愿，岂能再害他们为我而死呢？所以我细细的一想，还是牺牲了自己吧！我们反正年青，只要你我始终相爱，不怕将来没有机会。只是太苦了，话是容易讲的，只怕实行起来不知要痛苦到如何程度呢？我又是一身的病，有希望的日子也许还能多活几年，要是像现在的岁月，只怕过不了几个月就要萎颓下来了。

摩！我今天与你永诀了，我开始写这本日记的时候本预备从暗室走到光明，忧愁里变出欢乐，一直的往前走，永远的写下去，将来若是到了你我的天下时，我们还可以合写你我的快乐，到头发白了拿出来看，当故事讲，多美满的理想！现在完了，一切全完了，我的前程又叫乌云盖住了，黑暗暗的又不见一点星光。

摩！惟一的希望是盼你能在二星期中飞到，你我作一个最后的永诀。以前的一切，一个短时间的快乐，只好算是一场春梦，一个幻影，没有留下一点痕迹，可以使人们纪念的，只能闭着眼想想，就是我惟一的安慰了。从此我不知道要变成甚么呢？也许我自己暗杀了自己的灵魂，让躯体随着环境去转，甚么来都可以忍受，也许到不得已时我就丢开一切，一个人跑入深山，甚么都不要看见，也不要想，同没有灵性的树木山石去为伍，跟不会说话的鸟兽去做伴侣，忘却我自己是一个人，忘却世间有人生，忘却一切的一切。

摩！我的爱！到今天我还说甚么？我现在反觉得是天害了我，为甚么天公造出了你又造出了我？为甚么又使我们认识而不能使我们结合？为甚么你平白的来踏进我的生命圈里？为甚么你提醒了我？为甚么你来教会了我爱！爱，这个字本来是我不认识的，我是模糊的，我不知道爱也不知道苦，现在爱也明白了，苦也尝够了；再回到模糊的路上去倒是不可能了，你叫我怎办？

我这时候的心真是碎得一片片的往下落呢！落一片痛一阵，痛得我连笔都快拿不住了，我好怨！我怨命，我不怨别人。自从有了知觉我没有得到过片刻的快乐，这几年来一直是忧忧闷闷的过日子，只有自从你我相识后，你教会了我甚么叫爱情，从那爱里我才享受了片刻的快乐——一种又甜又酸的味儿，说不出的安慰！可惜现在连那片刻的幸福都也没福再享受了。好了，一切不谈了，我今后也不再写甚么日记，也不再提笔了。

现在还有一线的希望！就是盼你回来再见一面，我要拿我几个月来所藏着的话全盘的倒了出来，再加一颗满含着爱的鲜红的心，送给你让你安排，我只要一个没有灵魂的身体让环境去践踏，让命运去支配。

你我的一段情缘，只好到此为止了，此后我的行止你也不要问，也不要打听，你只要记住那随着别人走的是一个没有灵魂的人。我的灵魂还是跟着你的，你也不要灰心，不要骂我无情，你只来回的拿我的处境想一想，你就一定会同情我的，你也一定可以想像我现在心头的苦也许更比你重三分呢！

要是我们来不及见面的话，苦也不要怨我，不是我忍心走，也不是我要走，我只是已经将身体许给了父母！我一切都牺牲了，我留给你的是这本破书，虽然写得不像话，可是字字是从我热血里滚出来的，句句是从心底里转了几转才流出来的，尤其是最后这两天！那一字，那一句不是用热泪写的？几次的写得我连字都看不清，连笔都拿不动，只是伏在桌上喘。我心里的痛也不用多说，我也不愿意多说，我一直是个硬汉，甚么来都不怕，我平时最不爱哭，最恨流泪，可是现在一切都忍受不住了。

摩，我要停笔了，我不能再写下去了；虽然我恨不得永远的写下去，因为我一拿笔就好像有你在边儿上似的，永远的写就好像永远与你相近一般，可是现在连这惟一的安慰都要离开我了。此后“安慰”二字是永远不再会跑上我的身了，我只有极力的加速往前跑；走最近的路——最快的路——往老家走吧，我觉得一个人要毁灭自己是极容易办得到的。我本来早存此念的：一直到见着你才放弃。现在又回到从前一般的境地去了。

此后我希望你不要再留恋于我，你是一个有希望的人，你的前途比我光明得多，快不要因我而毁坏你的前途，我是没有甚么可惜的，像我这样的人，世间不知要多少，你快不要伤心，我走了，暂时与你告别，只要有缘也许将来会有重见天日的一天，只是现在我是无力问闻。我只能忍痛的走——走到天涯地角去了，不过——你不要难受，只要记住，走的不是我，我还是日夜的在你心边呢！我只走一个人，一颗热腾腾的心还留在此地等——等着你回来将它带去呢！

（完）

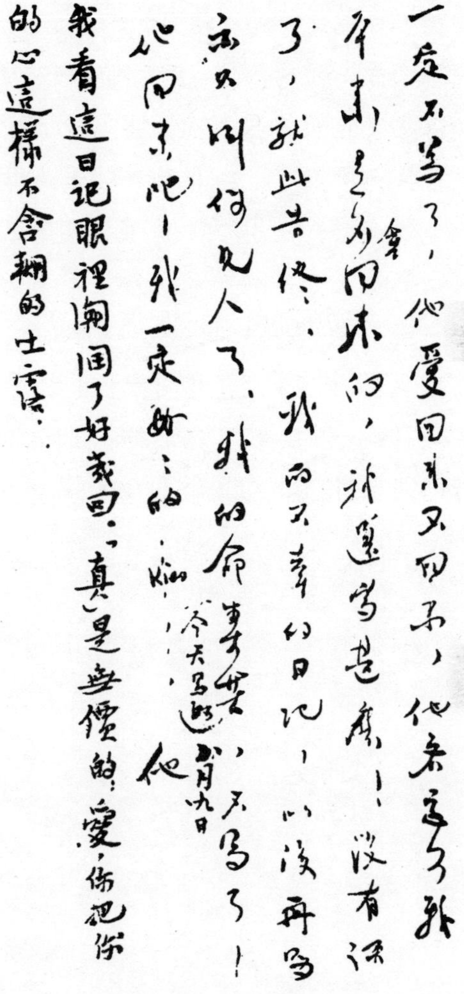
一定不寫了，你愛回來又回不來，他希望不了我
早來！是會回來的，我還寫甚麼！沒有法
了，就此告終，我所不幸的日記，以後再寫
亦只叫你見人了，我的命真苦，不寫了！
他回來吧！我一定安安的，kiss，他
（今天寫起　九月九日）
我看這日記眼裡潮潤了好幾回，真是無價的，愛，你把你
的心這樣不含糊的吐露。

小曼女士所写日记之末一页，
后二行为志摩先生回国后所书

**图书在版编目（CIP）数据**

爱眉小扎 / 徐志摩著. — 北京：中国国际广播出版社，2013.1
（良友文学丛书）
ISBN 978-7-5078-3512-0

Ⅰ. ①爱… Ⅱ. ①徐… Ⅲ. ①徐志摩（1896～1931）— 书信集 Ⅳ. ①K825.6

中国版本图书馆CIP数据核字（2012）第265724号

爱眉小扎

| | |
|---|---|
| 著　　者 | 徐志摩 |
| 责任编辑 | 张娟平　杜春梅 |
| 版式设计 | 国广设计室 |
| 责任校对 | 徐秀英 |
| 出版发行 | 中国国际广播出版社（83139469　83139489[传真]） |
| 社　　址 | 北京复兴门外大街2号（国家广电总局内）<br>邮编：100866 |
| 网　　址 | www.chirp.com.cn |
| 经　　销 | 新华书店 |
| 印　　刷 | 环球印刷（北京）有限公司 |
| 开　　本 | 620×920　1/16 |
| 字　　数 | 97千字 |
| 印　　张 | 13 |
| 版　　次 | 2013 年 1 月　北京第一版 |
| 印　　次 | 2013 年 1 月　第一次印刷 |
| 书　　号 | ISBN 978-7-5078-3512-0/I・394 |
| 定　　价 | 38.50元 |

CRI 中国国际广播出版社　欢迎关注本社新浪官方微博　官方网站 www.chirp.cn

# 人文阅读与收藏·良友文学丛书

| | | |
|---|---|---|
| (1) | 鲁　迅　编译 | 竖　琴 |
| (2) | 何家槐　著 | 暧　昧 |
| (3) | 巴　金　著 | 雨 |
| (4) | 鲁　迅　编译 | 一天的工作 |
| (5) | 张天翼　著 | 一　年 |
| (6) | 篷　子　著 | 剪影集 |
| (7) | 丁　玲　著 | 母　亲 |
| (8) | 老　舍　著 | 离　婚 |
| (9) | 施蛰存　著 | 善女人行品 |
| (10) | 沈从文　著 | 记丁玲 |
| | 沈从文　著 | 记丁玲续集 |
| (11) | 老　舍　著 | 赶　集 |
| (12) | 陈　铨　著 | 革命的前一幕 |
| (13) | 张天翼　著 | 移　行 |
| (14) | 郑振铎　著 | 欧行日记 |
| (15) | 靳　以　著 | 虫　蚀 |
| (16) | 茅　盾　著 | 话匣子 |
| (17) | 巴　金　著 | 电 |
| (18) | 侍　桁　著 | 参差集 |
| (19) | 丰子恺　著 | 车箱社会 |
| (20) | 凌叔华　著 | 小哥儿俩 |
| (21) | 沈起予　著 | 残　碑 |
| (22) | 巴　金　著 | 雾 |
| (23) | 周作人　著 | 苦竹杂记　（暂缺） |